رواية

"إنَّ وأخواتها وحروف النصب"

الطبعة الثانية
سنغافورة- 2014

صونيا عامر

PARTRIDGE
A Penguin Random House Company

To order additional copies of this book, contact
Toll Free 800 101 2657 (Singapore)
Toll Free 1 800 81 7340 (Malaysia)
orders.singapore@partridgepublishing.com

www.partridgepublishing.com/singapore

وتشدو وفاء وتغرد عاليا مطالبة بـ...........

إهداء

من

الأخوات

" إنَّ ــ أنَّ ــ لكنَّ ــ كأنَّ ــ ليتَ ــ لَعَلَّ"

إلى

" أن، لن، إذن، كي، حتى، لام الجحود، لام التعليل، والفاء السببية."

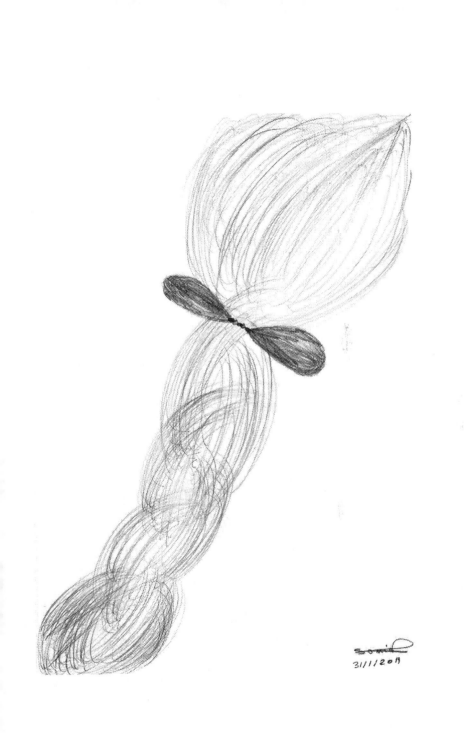

31/1/2019

كلمة بقلم الكاتبة اللبنانية مادونا عسكر/ لبنان
قلق السؤال يجتاح عوالم الأنثى الخفية

بتلقائيّتها المعهودة والمحبّبة، وأسلوبها اللّطيف وسردها البسيط، تغوص الكاتبة اللّبنانيّة "صونيا عامر" في حنايا الذّات لتستخرج مكنوناتها وتضعها بين يديّ القارئ. يتأمّلها، ثمّ يتأمّل ذاته فيلقى ما يعبّر عنه ويسلّط الضّوء على خفايا نفسه.

إلّا أنّ رحلتها في هذه الرّواية لها نكهة خاصة ومتميّزة حيث أنّها تسبر أغوار الذّات الأنثوية

وتطرح مشاكلها اليوميّة والتّقليديّة كما تنفذ إلى أعماقها لتبيّن قلقها الدّاخليّ والنّفسيّ الّذي قد يكون مخفيّاً ولا يظهر للعلن.

فكلّ شخصيّة أنثويّة من الرّواية، تعبّر عن حالة معيّنة إذ تجتمع في تلك الشّخصيّات كلّ الهواجس الّتي تشغل المرأة وتؤرقها، كما يظهر لنا وجعها النّاتج عن إخضاعها لعادات وتقاليد ما برحت تنهكها حتّى إذا ضاقت ذرعاً ثارت عليها وانتفضت، من جهة، ومن جهة أخرى نتلمّس مشاعرها التّائقة أبداً إلى الحبّ الّذي ترجو أن يفيض عليها أبداً سكينة ونعيماً وسعادة.

تنتقل الكاتبة من شخصيّة إلى أخرى كالنّحلة من زهرة لأخرى، وتحاكي في كلّ جزء من الرّواية شخصيّة أنثويّة معيّنة تلامس بها حالة كلّ امرأة بشكل شخصيّ أو عام. وقد تتراءى للقارئ وللقارئة تحديداً، عوالم خفيّة تسكن أعماقها، تستخرجها "صونيا عامر"، وتطلق العنان لمشاكل وهواجس

عدّة بين دينيّة وحياتيّة واجتماعيّة، وتطرح عدّة تساؤلات وجوديّة فلسفيّة. كما تترك للقارئ مساحة من التّأمّل بل فسحة للبحث عن حلول. بالمقابل وهي تعبّر عن المرأة، تشجّعها تارة بشكل مباشر وطوراً بالتّلميح إلى الثّورة على مجتمعها الّذي لا يرى منها غالباً إلّا أنثى ويتناسى إنسانيّتها الّتي تجعل منها امرأة.

لا تظهر المرأة في هذه الرّواية ضعيفة أو مستسلمة وإن كانت غارقة في متاهات عدّة وصعوبات جمّة، وإنّما تناضل وتثابر وتجتهد كي ترتقي سلّم النّجاح، ثمّ ما تلبث أن تعانق ألمها من الحبّ والفراق والرّحيل، إلّا أنّها تحافظ على وجودها وكيانها كامرأة دونما الرّضوخ لألم أو الخداع أو حتّى لمفاجآت القدر.

لـ "صونيا عامر" فكر خاص وأسلوب متفرّد في تجسيد المعاناة الإنسانيّة والأنثويّة حصراً، وبسردها البسيط، وأسلوبها السّهل الممتنع، لك أيّها

القارئ، بل لكِ أيّتها القارئة، أن تسافري معها على أجنحة صفحات مترعة بالجمال والأناقة والتّلقائيّة، حتّى إذا ما أردت الوقوف لحظة أمام ماضٍ مرير أو حاضرٍ كئيب، برز لك من عمق الأوراق عبير حبر يعبّر عمّا يخالج نفسكِ من مشاعر وهموم وأفراح وأتراح، وينسّم لك لفحات أمل لمستقبل زاهر تحصدين فيه ثمار الجهاد والمثابرة والتّعب.

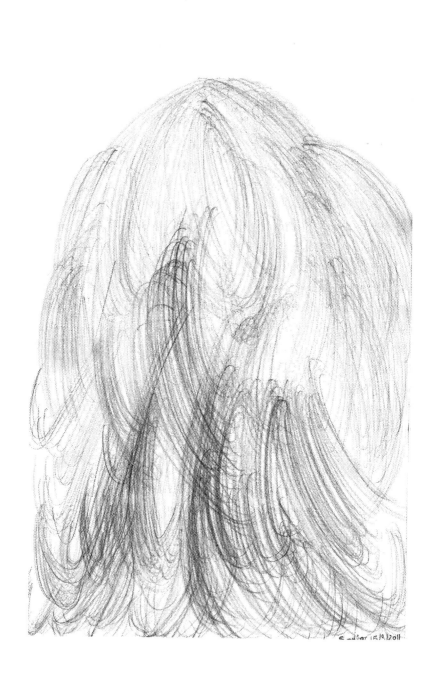

مقدمة:

يأتي **عريس الغفلة**، ليسأل الوالد ابنته وفاء، هل
توافقين على محمد زوجاً لك؟

تسرح وفاء بالخيال لتجد نفسها قد تزوجت
بعمر الثامنة عشر من شاب يكبرها بأربعة عشر
عاماً، بناء على رغبة والديها وتشجيعهما.
يسافر زوجها محمد مخلفاً وراءه العروس الشابة

6

ونطفة علقت في أحشائها على أمل رؤية المولود الصيف القادم إن شاء الله تعالى، فالزوج لا يستطيع اصطحاب زوجته معه لظروفه المادية. كما جاء غيره من بعد، جاء الصيف وعاد المغترب وفرح بولده، كما وتشاجر مع زوجته لمبالغتها في توسيع البيت وهدر الأموال على تلك الصالونات الفارهة وغرف النوم الراقية، ومن ثم سافر ليعود وهكذا دواليك. مرت السنوات وأثمرت زياراته للزوجة العشيقة التي يزورها مرة في العام عن ابنتين وولد، ومنزل كبير نسبياً وخلافات لا حصر لها ولا عد مع عائلته وعائلتها نتجت عن غياب الزوج وتدخل الأهل بشؤون الأسرة المستهدفة، كما تصفها وفاء. إلى أن أتى اليوم الذي كبرت فيه البنات وطلبت فيه يد إحدى البنتين للزواج، فعارض الزوج المهاجر دون أي مراعاة لحب الفتاة لطالبها. وبناء عليه، ترغم فاتن على الزواج بابن عمتها رائد، حيث لا

يمكن رد طلب الأقارب كما جرى عليه العرف قبل
أن يهاجر محمد. تحمل فاتن البنت المسكينة
وتنجب لتجد ابنتها مشوهة بوجهين والسبب في
ذلك حالتها النفسية وعدم إجراء الفحص الطبي
المطلوب أثناء الحمل، كما ويعود الأب محمد ليجد
زوجته وفاء التي أصبحت جدة مصرة على
الانفصال. تنتفض وفاء على نداء والدها، لتصرخ
بأعلى الصوت، لا لا أريد زواجا تقليدياً، علي أن
أحب أولاً، أن أقتنع ، لا أريد محمداً زوجاً لي.

الجزء الأول " زينب":

إنه صباح الأحد وكلوديا موظفة مجتهدة،
هي من الشعب الكادح، كما وتذهب للكنيسة صباح
الأحد. اليوم بالذات لم تستطع كلوديا الاستيقاظ لا
لشيء سوى لبرد قارص في الخارج ولألم شديد
بالمعدة، إنما صديقتها منى تلح وتلح عليها
بالنهوض والإسراع فالقداس كاد يبدأ دونها، لا
يعقل ذلك طبعا!.

تنهض كلوديا وفي قلبها كل الإيمان الذي
خزنته على مدى ثلاثين عاماً، مقاومة بذلك رغبة
جامحة بالنوم ولا شيء سوى النوم، ولكن ها قد
وصلت ودخلت لتلتحق بصديقتها منى بالصف
الأمامي من المقاعد الخشبية الدافئة بتأثير الصلاة
والشموع ورائحة البخور.

بعد القداس أحست كلوديا برغبة شديدة
بفنجان شاي أخضر وكرواسان، فهي على حمية
منذ الأمس، وهذا كثير بالنسبة لآنسة عاملة في
مجال الصحافة تتنقل من مكان لآخر لتغطي أخبار
البلد والجوار الملتهب.

تذهب الصديقتان إلى مقهى محبب لهما في
وسط البلد، المكان المحبب الذي يصعب لكلوديا فيه
تجنب المعارف والأصدقاء والمعجبين الذين
يتابعونها على شاشات التلفزيون. تحب الظهور

كلوديا، وهي تعرف بأنها على حياد، وتحاول دوماً أن تنأى بنفسها، رغم عملها بأكثر من محطة محلية وإقليمية إلا أنه نسب لها الموضوعية بطرح المواضيع وإدارة المناقشات، مما يسبب لها الكثير من الضغط والقلق الوظيفي حين تتعرض لسياسة المحطة التي تعمل لديها أو تخالف الخط الإعلامي المتفق عليه.

لمنى رأي آخر، مغاير لفكر كلوديا، فمنى سيدة كانت متزوجة وأنجبت. تعتني بابنتها الوحيدة التي رزقت بها بعد عناء، لا يعنيها الشأن العام، فهي محررة في جريدة وما يعنيها فعلاً، راتب آخر الشهر، هي تعرف لا بل متأكدة بأن لا أمل في هذا البلد. عموماً فاليوم الأحد، ومنى قد أودعت ابنتها بيت أمها منذ الأمس، يوم السبت الذي غالباً ما

ينتهي بسهرة في أحد الملاهي الليلية التي تفرغ فيه شرباً هستيرياً كلوديا ومنى عناء الأسبوع من توتر وقلق. كلوديا شخصية متحررة لكنها لم توفق حتى الآن بشريك تمضي معه ما تبقى لها من عمر، أما منى فهي سيدة مطلقة متحفظة، سيدة مسيحية تزوجت حبيباً شيعياً، وانفصلت عنه بفعل المجتمع، الذي أبى وبكل ما لديه من ظلم وتعصب أن يبقيهما زوجين تحت سقف واحد، إلى أن انفصلا. فهي الآن أم زينب، وبطيبة خاطر، أحبت حسن وعشقته حد الجنون، وخالفت الجميع وتزوجته، ومن ينسى قصة منى وحسن؟!، وكذلك أحبت الاسم وهي من اختاره، زينب.

منى ابنة السيدة جانيت مسيحية كاثوليكية، متزوجة من جان البروتستانت، وجاء اسمها مسلماً "منى" تلبية لنذر كانت قد نذرته جدتها لأمها التي تمنت أن ترزق جانيت ببنت تسميها منى على اسم

12

أمها المرحومة السنية المذهب والمتزوجة من جدها
الأكبر بيار. نعم في العائلة تاريخ من الزيجات
المختلطة، فهي عائلة متفتحة في بلد عرف عنه
الانفتاح منذ قديم الزمن.

زينب بنت منى الآن مسيحية، تأتي مع
والدتها القداس أحياناً كما وتذهب مع والدها
الحسينية، والقرار متروك لها، فهي حين تكبر
سوف تختار ديناً لها، أو ربما تبقي على الاثنين،
فالله واحد، مهما تعددت الوسائل.

بعد مرور ثمانية عشر عاماً على مدارس
الراهبات، سوف تتخرج زينب وبتقدير ممتاز،
وستجتمع منى وحسن في حفل تخرجها، حسن مع
زوجته وولديه من زوجته الجديدة الحجة أم محمد
ومنى التي لن تكون قد تزوجت بعد، مبقية على
زينب ثمرة حب معجزة.

وكذلك ولحسن حظ زينب يتفق الطرفان على إرسالها الى أميركا لإتمام دراستها فهي متفوقة ويجب أن تتخرج بشهادة بالطب، الطب النسائي. ففي ذلك خدمة كبيرة للمجتمع الشيعي والمسيحي على حد سواء، في طرفي بيروت الأول والثاني، وسوف يمول المشروع حسن، نعم فهو صاحب ورشة في الأوزاعي، وكل الناس تعرفه. مشهور حسن بتصنيع أجمل وأمتن شبابيك وأبواب القصور والمنازل والبنايات، ولديه من المال ما يكفي لتخريج دفعة كاملة من الطبيبات المتفوقات.

في أميركا وفي جامعة مرموقة تنتسب إليها زينب، تتعرف إلى شاب عراقي يشبهها تماماً بهمومه وتفكيره وأحلامه المستقبلية، وبعد أن تقع بحبه من النظرة العاشرة، تكتشف زينب بأن لداود أصول يهودية، فهو عراقي يهودي، ولكنه عربي، هذا ما أقنعت نفسها به بعد إفاقتها من صدمة الدين،

يهودي؟ لم تكن يوماً لتفكر بزواجها من شخص يهودي، هي المسيحية الشيعية اللبنانية التي اعتادت كره اليهود، قبل حتى أن تفكر بالسبب.

تتناقش زينب وداود بشأن زواج يرضي جميع الأطراف، أو على الأقل يرضيها ويرضي داود، زواج مدني، أمريكي، محايد، ولكن الظروف لن تأتي كما اشتهى الاثنين، فحسن والد زينب أعلن عداءاً تاريخياً لداود اليهودي العراقي، ومنى تمنعت بكل ما لديها من تعصب ظهر فجأة ضد اقتران زينب بشاب ليس من ديننا ولا حتى من وطننا، يهودي؟!!!. هذا بالإضافة إلى ما أبداه أهل داود من هواجس وتحفظات تغطي مشروع الزواج بغيمة سوداء كثيفة، لما لهذا الزواج من نتائج سلبية كبيرة على سمعة العائلة بالعراق والمهجر، لبنانية شيعية؟ لا يا داود، لم نأمل منك ذلك؟ تقول مسيحية؟!!

تكمل زينب دراستها بهدوء بعد أن وعدت والديها بأن لا شيء سوى الدراسة في أولى اهتماماتها وهي لن تتزوج من داود ولا من غير داود إن لم يكونا راضيين مقتنعين تماماً بما ستفعله. وبعد سنوات ثمان تعود زينب إلى لبنان دكتورة نسائية برتبة امتياز مع مرتبة الشرف بشهادة من أرقى جامعات العالم، وتستلم وظيفة مرموقة في وزارة الصحة بتوصية من صديق لوالدها على مركز كبير في الدولة. ولكن زينب تحب داود وترغب بأن تتزوجه، فتعود لفتح الموضوع ثانية محاولة إقناع والديها بأن لداود رغبة باعتناق الإسلام وبالزواج بها وهي البنت المحجبة التي اختارت الشيعة ملة لها ولن تحيد عنها مهما كلف الأمر.

ترى منى بتصرفات ابنتها بعض الظلم لها هي الأم التي أمضت حياتها تحت أقدام زينب والتي بدورها لم تقدر هذه التضحية الكبيرة وانحازت

16

وبكل بساطة لجانب والدها حسن، علماً بأن ذلك لم يكن غير متوقع، هي منذ البداية تعلم بأن زينب بنت حسن ولها ما شاءت من دين. ما آلمها حد البكاء قرار الزواج بداود، فهي بذلك لن تبقى في بيروت، ستهاجر إلى أميركا، لأن داود لن يعود للعراق في ظل الظروف الحالية السيئة، كما وأنه لن يستقر في بيروت ببلد لا يتسع لأبنائه ليؤمن فرصة عمل لشخص عراقي شقيق يدعي حسين بعد أن أشهر إسلامه حباً لزينب ورغبة بالزواج منها.

ترتئي كلوديا زيارة زينب لإجراء حوار صحفي معها، مساندة منها لزينب ودعاية لعيادتها التي أهداها إياها حسن الوالد المبارك بتخرجها على هذا النحو الممتاز. كلوديا صديقة منى التي تحولت إلى فعل الكتابة الحرة بعد أن عملت بالصحافة إلى أن وصلت حد الإشباع. امتهنت الكتابة الأدبية تعبيراً عما يقلقها دون التعرض

لأحد، أو فلنقل في الكتابة موقف شخصي لا يحتسب لفريق ضد الآخر، فهو غير مدفوع الثمن. كلوديا سيدة في الخمسين الآن، لم تعد تلك الآنسة القوية التي اعتادت قضاء الليالي على صوت المدافع مغطية أحداثاً ليست هي نفسها مقتنعة بأسبابها. هي اليوم صحافية مخضرمة تعد مواضيع معينة تعنيها وتعني المجتمع، متحيزة قليلاً للنساء ولكن لا ضير ما دامت تراعي حقوق الرجل، كما وهي كذلك احترفت بعض الشعر وتعز حسن وتقدره، كأخ. فقالت لها:

- حدثيني يا زينب، ما هو انطباعك وأنت وحسين في ربوع الوطن زوجين على سنة الله ورسوله؟ أرغب بلقاء صحفي مميز، يلفت الانتباه لأهمية التقبل في حياتنا، تقبل الآخر، وتفهم دوافعه.

- شعوري مبهم، لا أعرف كيف أفسره، هو داود، فأنا أعرف ذاك الرجل، هو داود من أحببت، ولطالما كان على خلق، فليناده من ناداه باسم غير اسمه، إنما هو داود.

- اشرحي لي يا دكتورة!

- أنا يا مدام كلوديا تربيت وكبرت في بيت أمي، منى بيار، درست في الراهبات وتخرجت من أميركا، نعم أنا مؤمنة بملتي، ولكن ما لا أريده تغيير حياة الآخرين. فلداود كما لي طقوس دينية يحبها، وهو أبلغني أنه لن يتخلى عنها، وأنا لا أرى مبرراً يساعدني في ردعه عما ينوي فعله.

- بما يفكر داود يا زينب؟

- لداود عائلة ولهم عليه حق الزيارة، وأنا زوجته وله علي حق إطاعته. سنزور العراق، فهو يرغب بزيارة بلدته، وهو الآن

قريب، لبنان ليس ببعيد عن العراق، ونحن لن نطيل بقاءنا في الشرق، سنعود لأمريكا.

- وبسؤال جانبي محايد، خارج الكواليس، هل ترغبين بقتل والدتك، سفر مرة ثانية؟

- لا عجب من أن نؤذي من نحب بكلام لا نقصده لحظة شعورنا بقلق وتوتر شديدين، هي انفعلت صحيح حين أخبرتها، وأنا أيضاً لم أقصر حاسبتها على زواجها لا بل على حبها لأبي، كان من الممكن أن أتجنب ما أنا فيه لو هي أبقت على حبيب من دينها وتزوجت منه دون نتائج مدمرة مثلي.

- ولكن يا زينب أنت شخص ناجح، لم هذه النظرة الدونية لذاتك دوماً، دونما أدنى سبب؟

- كلوديا يا صديقة الماما، أنت لم تعيشي تجربتي، ولن تعرفي مدى معاناتي، فأنا زينب في مدرسة الراهبات، أتفهمين معنى

ذلك؟ من هناك بدأت معاناتي، هل تفهمين؟ لقد عمدتني، أنا مسيحية يا كلوديا، مسيحية القلب والعمادة، أنا شيعية الاقتناع، ومتزوجة بيهودي، أجل متفهمة، لم أقل غير ذلك، ولكني أتألمز أخبريني، على أي دين سيكونون أولادي؟

- على الدين الذي يرتئونه، أنت يا زينب مثال على ديمقراطية الفكر والمعتقد، لم يغصبك أحد، أنت الأكثر حظاً من بين أترابك صدقيني، أنت هي الشخصية المتكاملة، التي تمثل الإنسانية المحايدة، الشخصية الغنية دينياً وفكرياً.
- أنا يا كلوديا كنت أتمنى، لا بل ما زلت أتمنى أن أتزوج داود، زواجاً مدنياً، أن أعقد العقد، أتلاحظين، هو عقد زواج، شراكة بين اثنين، يحفظ لهما حقوقهما

ويفرض عليهما واجباتهما، مع احتفاظ داود بدينه واحتفاظي بما اعتمدت من دين.

- لم تصعدين الأمور، ما بك زينب، دعي الأدوار تسير كما هي، فهذا أفضل لك، أنت هنا في بيئتك الطبيعية، وهو أي حسين متفهم، لقد اختارك، لا تكوني متعسفة.

- أخبريني كلوديا، لم لم تتزوجي بعد؟ لقد انتهيت للتو من قراءة ديوانك الجديد " ندم"، ألف مبروك، أعجبتني المقاطع التالية:

- طرق تمر بالعابرين مؤاسية
والعابرون لا تخفى عليهم وعورة الدرب

- نجماتي علقتها نيشاناً على قلبك
فأنت من يطفئها
وأنت من يشعل فيها الحرائق
- روحي تفلت مني آبية
إلا سماوات بلون الرب

- خاطبها بعذب الكلام وردت بأجرحه
يا له من زهرة ويا لها من شوك!

- عش البلابل فينا لحن نغرده
فمن امتقع بالصفار قلبه مقتولا

- لهبوب الهوا بثورات الحب معنى
فالعاصفة تبدأ بغيمة مارقة
لو الشمس من هبوب الريح
بالليل سطعت
لبدا القمر في وضح النهار

- سحابة تحط بحنايا الروح لوعة
وقطرة بسويداء القلب،
لتهب الريح العاتية
وتطرد أي فرصة لهطول المطر

- خذني حيث تغط الفراشات
خذني إلى واد قريب
في خوابي العسل نحل
وكل أمنياتي وردة

- حلق بما تشتهي من الهوا
فمرجوعك لي
أنا من في حبي اكتوى

قلبك
وتقول ":لا أبالي؟"

- لي عتب عليك، ولي عتب علي ولي
عتب على الدنيا، بما حملته لك ولي
من حركات محض بهلوانية، أي صدفة
تلك؟

- تحبينه؟ لم لم تتزوجي به؟ أهو على إسلام
لا سمح الله؟ مبتسمة زينب ضحكة الفاقد
للأمل بتعايش مشترك، ما الذي يقلقك
كلوديا، تقولين في آخر الديوان:

- في جعبتي حدثان ونيف
الأول يقلقني والثاني يقلقني
وما تبقى من أحداث بالفعل تقلقني

تنهض كلوديا بحجة العمل، بعد أن أحست
بضيق يعتري زينب ورغبة منها بإنهاء الزيارة،
لتودعها متمنية لها رحلة سعيدة إلى رحاب العراق
الشقيق، الذي لطالما غطت هي نفسها أحداثه

24

المريرة حين كانت مازالت شابة نسبياً تستطيع التنقل والجري وراء الأحداث مهما كلفتها من ألم وجهد. هي تعرف زينب فهي ابنة منى، لديها القدر الكافي من العناد والمثابرة لتنال ما تصبو إليه، دائماً، وهذا جيد، فليحفظها الرب ويبارك خطواتها.

بعد طمأنة والدتها أنها بخير، يحدث أن تنقطع أخبار زينب لفترة بعد زيارة العراق، وبعد أن نجت بأعجوبة وزوجها وجنينها من انفجار كاد يودي بحياتهم هم الثلاث. وذلك لا لشيء سوى لتغيير جوهري في مسار حياتها جاء صدفة بحتة منذ عشر سنوات، ولكنه كان خير من ميعاد أصابها في قلب أحب وتزوج وهاجر حيث النور والحرية، لتختتم وفي نفس الحفل الراقص الذي التقت فيه داوود ذات جامعة، رحلة عذاب دامت ست وعشرون عاماً، مخلفة وراءها ماض لطالما كدرها، لتكتفي كلوديا بما لديها من هموم أخرى تدونها تعني حواء وغيرها من جواري الشرق

المنطفئ، سائلة نفسها نفس السؤال، صحيح، لم لم
أتزوج بعد؟. كما وتتصل زينب بوالدتها منى
لتخبرها بأن الأمور بدأت تهدأ و بأن كل شيء على
ما يرام بما فيهم ناتالي، حفيدة منى القمر، الأمريكية
الجنسية، وإن كانت من أصول عربية، ستخلص
لأميركا.

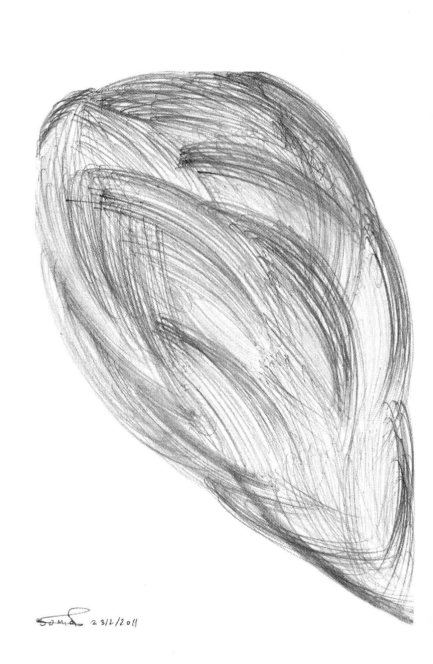

Soma 23/2/2011

الجزء الثاني "رنيم"

لكلوديا صديقات كثر، ولكن لرنيم زميلتها
بالمهنة في قلبها حصة الأسد ثقافياً، لا لشيء سوى
لأنها توافقها الرأي وأحيانا تخالفها، أو ربما لأنها
تستفز ذكاءها، مع أنها لم تجر معها حوارات
ساخنة مباشرة من قبل، إلا أنها التقتها ذات مرة
أون لاين على الواتس أب، تقول كلوديا:

ـ أبحث عن " بدايات" للكاتب أمين معلوف، أريد إعداد مقالة فيها، استعداداً لعامودي الأسبوعي قراءة في كتاب.

ـ رنيم تقر، أنا جبرانيات اليوم

ـ أنا تخصص" العواصف"، وأنت؟

ـ أنا أعود لجبران ككل حين احتاج رفع روحانياتي.

ـ سلامة روحانياتك، إذا فأنت "النبي"!

ـ ربما، العواصف ثائرة متمردة!

ـ نعم تشبهني، حلمت "باسم الأب والابن والروح القدس"، احمنا يا عذراء، باركينا يا أمنا مريم.

ـ أنا وجدت إلهي بالبحر.

ـ وجدتِ ألفة ربما بصديقك البحر تفتقدينها بمحيطك، غربة، الله ليس محدد، هو الكل.

ـ أين كنت مخبأة، لدينا حوار طويل إذاً؟ أجد عندك كتاب العائد؟

ـ في بيت الجبل، سأجده لك.

- مشكلتي مع السماء قديمة، كما تعلمين فأنا من طائفة الإسلام السنة، وتربيت بين الشيعة والمسيحيين والدروز واليهود، وكونت قناعة أن ليسوع فضل على باقي الأنبياء، يسوع أقام دينه على المحبة، ينبذ العنف ولم يحقر المرأة.

- أنا عن نفسي أتحسر على نفسي، كنت أفضل العيش بين الأجانب، مع العرب أحس بأنني أستاذ وهم تلاميذ، تحب الظهور كلوديا، مغرورة قليلاً ومعتزة بنفسها.

- الأجانب ليسوا أفضل منا.

- لا ليسوا بأفضل، إنما تستطيعين إقصاءهم، أما العرب فهم عطوفون بالفطرة فلا يمكنك تجاهلهم.

- أستطيع محادثتك، تعبت، لا أحب الكتابة.

- حياك، مع أني لا أحب الكلام، أفضل الكتابة، ويرن الهاتف، هلا حبيبتي.

- أرجوك، لأجلي، هههههه، شاكرة كلوديا على قبول التحدث.

ـ أهلا فيك رنيم، وسعيدة بحديثنا، ما أردت قوله
الآتي: في روايته حنا مينة يقول: لماذا؟ بعد هذا
السؤال الذي لا جواب له، راح يشرب صامتاً، في
نوع من اللامبالاة التي تصبح الحياة معها بغير
هدف، بغير قضية، ومن لا قضية له ينتفي حلمه،
يسقط في العدم، وهذا شر أنواع السقوط، إلا أن
التجارب، والمصاعب، وكل أنواع الرزايا التي
حولت نمر، من حديدة تجمرت في نار، إلى
فولاذة سقتها مياه السماء، كانت كفيلة ببعثه
المنتظر، ولشد ما مات نمر، ولشد ما بعث، ولشد
ما ردد، في ذاته، مع أبي الطيب المتنبي "... كم قد
قتلت، وكم قد مت عندكم ثم انتفضت فزال القبر
والكفن "والصدمة التي كادت تهده، لأن التي جاء
لأجلها ماتت. ارتفعت رقاقة بيضاء، في ثنايا
سحب بيض، هذه الصدمة، هذه المصيبة، مثلها
مثل كل المصائب، تبدأ كبيرة، ثم تصغر، تصغر
إلى أن تتلاشى مع مرور الزمن.....من رواية

امرأة تجهل أنها امرأة. كما ويقول، يبقى السؤال، عن أي فكر نتحدث؟ وعن أي فاعلية فكرية نبحث؟ والجواب واضح: الفكر الذي نريده هو فكر المجتمع المدني، التنويري، النهضوي، العقلاني، العلماني، الذي يرسخ المؤسسات الدستورية، على أسس من الديمقراطية، مع كل ما يتفرع عنها، ويزدهر بها، من حرية القول والعمل، في حقلي الثقافة والسياسة معاً، وفي تعدديتهما أيضاً.....رواية " أشياء من ذكريات طفولتي"، حنا مينة.

- كل ذلك ستقولينه كتابة؟ أيتها المجرمة؟ تريدين قتلي هههه؟ يا لك من صبورة... نعم صديقتي، أصدقك، حيى الله الأدباء السوريين، في ديوانه " قاموس العاشقين" بالعام 1981، لخص الشاعر نزار قباني حالات العشق الأكثر شيوعاً، ووصف وبكل الشغف حالات الحب

المفرحة وكذلك الحزينة التي تعتري الحبيبين،
حيث كان ينعي بيروت وليلها وخسارتها في
ذلك الوقت. ما لفت نظري في ديوان نزار
قباني تكرار المشهد، فالأحداث تتكرر على
المستوى العالمي والعربي ولو بوجه مختلف،
فالضائقة الاقتصادية، المستمرة، وقلة الحيلة
والتلطم العربي الانتمائي والتخلف والجهل
المستمر. ومما لفت نظري كذلك مدى إصرار
ذلك الرجل الشجاع على الاختصار، فلقد
ضامه ما حمله تاريخ العرب من شروحات
وشروحات لا تخدم أبداً القضية. " كل
الدراسات عن شعري مزورة، كل الرسوم
لوجهي، ليست تشبهني، لا شهريار.. ولا عبد
الحميد.. أنا لو تعلمين كم التاريخ يظلمني، فلا
ذبحت حبيباتي كما زعموا أنا الذي كانت
الأحزان تذبحني".

- لقد انتهيت للتو من "إبحار في الذاكرة الفلسطينية"، للكاتبة حنان بكير، ولا أخفيك سراً أنني شعرت بشيء من الدوار الذي سببته لها السكين السيف، وضيق التنفس الذي أحدثه عفريتها الخبيث ذات سنة. لقد تفضلت بالتنويه بذاكرتنا المريرة معاً، بما فيها من روشة، بوريفاج وجنوب لبنان مروراً بالمزة. يا رنيم، بي غصة بالحلق لا أقوى على بلعها ولا حتى على ترجيعها، هي عالقة بالروح باتت تشوهها، ولولا بصيص أمل لا أعرف مصدره ولست واثقة من نتائجه، صديقتي، على ما يبدو حاليا ذاكرة سورية تضاف إلى الملف المنسي، ولا يسعنا سوى التنويه بأختها العراقية وستر الرب ما بقي من فرعون. إنما، عندي إيمان يا رنيم، سنرجع يوماً إلى حينا.

- نعم صديقتي، كلامك سليم، لطالما قالوا لنا المرأة من ضلع الرجل، ودرسنا عن متوازي

الأضلاع، ولطالما اشتكينا الضلع المكسور. يراودني شك حول علاقة الضلع بالمرأة، وتؤرقني الوساوس، أحسها تشك بالخاصرة، فكيف لها أن تتساوى إذن؟

- أن تفصح عما في داخلك جميل، بل الأجمل أن تعي حقاً ما في داخلك. أظن في ذلك الإجابة!، نحن نساء الشرق أعداء أنفسنا، نحن من يربي الرجال على تصغيرنا والإقلال من شأننا، بتهمة حظ الذكر من حظ الأنثيين والشرع حلل له أربعة.....

- هي ابتسامة، وردة وفنجان قهوة، كافية لبدء نهار جميل، السؤال الذي يطرح نفسه، هل نحن رهينة حكم مسبق على الأمور أم أننا وليدي اللحظة؟!.

- على الأغلب مبرمجين، التغيير وما لهذه الكلمة من تأثير كبير على حياتنا. اليوم صباحاً تلقيت عرض وظيفة جديدة، وظيفة جيدة جداً، ولكني رفضتها دون حتى أن أفكر، ليس لشيئ سوى لخوفي من التغيير. كنت دائماً ألوم المترددين، أخشى التغيير هل أصبحت مثلهم، أم أن للسن علينا حق؟!

- في يوم من الأيام صادفتني شخصية غريبة، مما حذا بي لاتخاذ قرار شجاع بكشف سبر أغوار تلك الشخصية، والأغرب من ذلك أنني اكتشفت بالنهاية أن تلك الشخصية هي أنا ولم أكن أعرفني بتاتاً من قبل.

- بالفعل يا فيلسوفة، فإحصاءات الطلاق تتزايد حسب المحاكم الشرعية، البعض يعزو ذلك للإنترنت والانفلات الإعلامي. الرجال يلومون

النساء والنساء يلومن الرجال، وغالباً الكل مسؤول، والسؤال هو: هل سنذهب بعيداً رحلة الغرب الاجتماعية نحو التشتت الأسري ومن ثم نعود؟ أم أن زمن السرعة سيختصر علينا بضع سنين وتجارب؟.

- أتعلمين؟، التقيت صدفة بصديق خرج لتوه من مستشفى المجانين، هي ليست مستشفى بالمعنى الحرفي للكلمة إنما معتقل، ما استنتجته أن الفلسفة لا تأتي جزافاً، أو ما يسميه البعض جنوناً فيما يخص معشر الكتاب، إنما هي نتيجة تجربة مرة قد تودي بحياة الشخص، ولكن الرب يتدخل باللحظة الأخيرة وينقذه مودياً بعقله فحسب، ليصبح فيلسوفاً على هذا النحو أم ذاك.

- أما أنا يا صديقتي، فلقد مر بي الخبير منذ فترة وجيزة، ونصحني بالتعقل، لا ألومه، حقاً لا

ألومه فالعاقل يعقل أن للتفكير أصول ومبادئ نقيس عليها نسبة النجاح والفشل، كما وأنها قد تدرس كخطط واستراتيجيات للحياة. كل ذلك منطقي، يعجبني، لم أعترض. ما لا أفهمه هو مدى مصداقية الأسس التي نبني عليها الرؤية للمستقبل في حال متحرك. فعلاً هي احتمالات، وهذا مقبول كحد أدنى من أصول التنظيم والسير بخطة عمل، مع جدول زمني لتحقيق هدف. هنا أيضاً يطرأ تساؤل آخر، تحديد الهدف، أحدث وسائل تحديد الهدف. في لحظة حظ رائعة، قد تجدين نفسك على تل المجد العظيم، طوبى لمن يعرف طعم الإنجاز. ما يحزنني أن أصحاب المجد هم أصحاب التجربة، أصحاب العذابات أما التل والمجد فهما الإرث. أحيانا أحسد الإرث الإنساني، التاريخ الذي قد يكون الرابح الوحيد. نعم زرت متحف جيران " النبي" الصيف الفائت، نعم تأخرت

بالزيارة أعرف، إنما كما تعلمين بداعي الهجرة، على العموم زرته وحدثته وسمعني، هو رجل طيب يحب البشرية، ويدعو لخلاصها، أظننا صديقين. وبعد أسبوع على المكالمة المطولة، تتصل رنيم، هل وجدت ضالتك؟

- بدايات؟ نعم قرأتها، رواية "بدايات" أعتبرها واحدة من أجمل روايات الأديب معلوف، وأجمل ما يميزها استنادها إلى وقائع حقيقية حاكت تاريخ المؤلف شخصياً. في بداية القراءة لم أستطع التأكد فيما لو كانت أحداث الرواية تخص فعلاً لعائلة معلوف الحقيقية أم أنها مجرد رواية تنطبق على معظم عائلات لبنان في ذلك الزمن، إلى أن تأكدت من اعتماد الرواية على رغبة حقيقية من الكاتب لتدوين تاريخ عائلته بعيداً عن الجاه والسلطة وهنا يكمن السر.

من محاسن الرواية أنها غطت حقبة تاريخية وعلى الرغم من معرفتنا جميعاً بها ألا وهي ما بين الحربين الأولى والثانية، إنما بأسلوب مختلف، أكثر صدقاً وواقعية ويحاكي جمهوراً أوسع من المواطنين وليس فقط السياسيين ورجال الدين. فلقد سلطت الضوء على معاناة كل من تسوله نفسه في ذاك الزمن أن يكون مختلفاً ومتحرراً من قيود وهمية لا تخدم سوى أصحاب النفوذين الأسوأ. لقد شرحت بأدق أعراضها الجانبية هجرة اللبناني نحو اللاعودة وما شابها من مآس ومسرات على نحو متواز.

- أكملي أكملي، شوقتني.
- دارت رواية معلوف حول أسرتين مسحيتين بروتستانت وكاثوليك وثالث ثائر على الطائفتين توج ثورته بتأسيس أول مدرسة مختلطة ذاك الزمان، وعلى مسار مواز شرحت بأدق التفاصيل حيوات إخوته الأكثر واقعية

والتزاماً وعرض أوجه الاختلاف والتلاقي على حد سواء، وبأسلوب محايد تماماً كمدقق في قضية جنائية يبحث عن الحقيقة والحقيقة فقط. وهذا حقيقة ما اعتدناه من الأديب الكبير الدقة والحياد بما يقدمه من معلومات. لغة الرواية اتسمت بالسهل الممتنع، فاللغة متمكنة مدروسة من ناحية السرد، أما الرسائل المرافقة والمستشهد بها فجاءت على شكل خليط من العامية المحببة والفصحى. كما أن للمترجمة نهلة بيضون فضل كبير بجمال ترجمة الرواية من نصها الأساسي بالفرنسية.

- ما هدف الرواية، إذاً؟

- هدف الرواية كما هو واضح دحض التعصب الديني وحث التطور والسعي نحو المعرفة، وبذات الوقت سلطت الضوء على تكرار الأخطاء الشرقية، فالقارئ يلمس اليأس والإحباط المزمن من حالنا نحن العرب أو

بالأحرى الشرق المتخبط والغارق بالتفرقة، وهكذا تتعاقب الوصايات من تركي لفرنسي وغيره.

وهكذا تستمر السيدتان بالتهاتف يومياً تقريباً، وبكل الجدية والوقار والمنافسة الشريفة حول ما تحمله نفسهما من أثقال روحية وفكرية تكاد تقض مضجعهما، لأنهما وعلى ما يبدو مصابتان بالوسوسة، بوسوسة الشك والعياذ بالله، الشك بالمسلمات كافة، مهما كانت بديهية، فمن قال أنني على حق وأنك مخطئة؟ أو العكس؟ لمجرد أنك لست على ملتي أو ديني؟ فالله عز وجل دعا لعبادته وبشتى الطرق. ليأتي اليوم الذي تظهر فيه رنيم قلقها قائلة: أشتم رائحة الربيع التركي،،،، أهو تابع الشرق الأوسط الجديد؟.

الجزء الثالث " بسمى "

على الكاونتر الخاص بنقل الركاب، في المطار وعلى عجل، تستعيد بسمى شريط الواجبات المترتبة عليها قبل مغادرتها المنزل، حتى ولو ليومين فقط بداعي العمل. لقد أعدت طعاماً كافياً للفتاة ووالدها، ونظفت البيت، وأنهت كل ما هو عاجل في المكتب وأرجأت كل ما يحتمل التأجيل لأن زميلها الذي ينوب عنها كفيل بأن يسبب كارثة

إدارية إن لم تتدارك المواضيع الهامة وتقوم بإدارتها وملاحقتها بنفسها مسبقاً.

قالت لي ابنتي داليا بأنها ليست بخير، فركضت بها إلى دكتور العائلة وعدنا بكم من المضادات الحيوية وخافض للحرارة، ولكن تشجعي بسمى فهي بخير الآن، لم الإحساس بالذنب من غير داع!. والسيارة، يا إلهي كيف نسيت؟ كان علي إدخالها الكاراج للسيرفس؟ فيومي سفر يعتبران أفضل فرصة لصيانة سيارة لا أستغني عنها نهاراً بكامله. لا يهم بسمى، ما هذا الوسواس القهري الذي بتي تعانين منه! وسواس قهري؟ وتجيب نفسها مكسورة الخاطر، ظننته مجرد فوبيا من ضغط العمل!، ذاك الذي يجعلني أستيقظ شبه مختنقة خلال الليل مرتجفة هلعة!. كم أنا مدينة لعائلتي، فأنا بت شبه مجنونة في الآونة الأخيرة! مجنونة؟ أرأيت، كم تبالغين بالتقليل من شأن نفسك

44

يا أنا، أحبيني أرجوك، فأنا من ستدوم لك، أحبيني
أنا روحك المعذبة وجسدك المرهق وعقلك القلق.

وتستيقظ بسمى على صوت الموظف شاكياً
أن رقم التذكرة موجود، لكن اسمها ليس من ضمن
المسافرين، فتضحك بسمى لمعرفتها بالموضوع
مسبقا فهي وبالأمس راودتها فكرة مماثلة، فكرة
تشاؤمية بعدم سفرها لطارئ ما، ولكنها اتصلت
بمكتب السفر وتأكدت بنفسها من وجود الحجز
المؤكد أكثر من مرة!، إذاً ما الخطب، أين اسمي؟
فيصيح ماجد، الموظف الثاني، أهلا بك كاتبتنا
بسمى، كيف الحال؟ لم نرك منذ مدة، ويخاطب
زميله طالباً جواز السفر حيث قام وبنفسه بإتمام
المعاملة ودعاها إلى تناول القهوة في قاعة
التشريفات مع أنها على درجة الاقتصادية
Economy، متمنياً لها رحلة آمنة وحفل توقيع
مميز يليق بروايتها الجديدة كذلك ولا أخفيكم سراً،

ليطلعها على ما يجول بخاطره، ويقول: بين ما أريد وما تريد، هناك من يفعل ما يريد، مبدأ الفشل المسبق، ما نتقنه أن نندب بلادنا، لطالما أسأنا الاختيار وما زلنا، بتطبيق مبدأ العين بالعين والسن بالسن والبادي أظلم، الثأر المتوارث بين السلطة والشعب، نحتاج الكثير من الخبرة في الفكر السياسي واحتواء الآخر ومبدأ الشراكة والديمقراطية. نعم سيدتي، فأنا حين أشتاق لقريتي التي لطالما أحببتها، أستعيد شريط ذكرياتي الجميلة، حيث أنني لا أفكر قط بزيارتها حين أشتاق، فقريتي ليست قريتي وزيارتها مرغماً لا تزيد سوى خيبة أملي المتكررة. ولكنني لم أتخذ القرار بعد بعدم الاشتياق، حيث أنني أخشى أن يكون قراري ذلك بدءاً لمرحلة محو منظم للذاكرة المرة، لقرية فاقت كل توقعاتي بمدى جهل قاطنيها. لست أكن الحقد بعد، إنما يعتريني الازدراء الذي أقاومه تعصباً لتلك الذاكرة اللعينة التي لطالما كانت

46

تؤرقني. كما وأنني لا أبحث عن حل، لا وقت لدي للأمور التعسة ولا لإصلاح الكون، وجل ما أفكر فيه هو التركيز فيما أتيت الدنيا لأقوم به من بحث عن كلمات تخفف الألم في عالم يغرق بالدم؟.

- جميل؟! أتكتب الشعر؟

- بعض ما عندكم.

- أسمعني!

- رطب الكلام نسيم حروفه
  وطنين الشوق عمق المسافة

- كشعاع الشمس تلمست الروح
  مشرقة تخرق غيماً أسود!

- لكل ما نوى، لا تقل شئنا وشاء... . فبالإضافة إلى انقطاع الكهرباء وعدم قدرة المضخات على توزيع الحصص من عين الضيعة، وسرقة معظم الحصص من قبل المدعومين عن طريق فتح عيارات المياه، إن أنابيب جر مياه الشفة في

القرى اللبنانية يعود تاريخها لعهد الانتداب الفرنسي، وهي من مادة الأترنيت المسرطنة، ونظراً لتآكلها فقد أودت بحياة المئات من المواطنين بالمرض الخبيث .الحل المبتكر بشراء غلنات المياه المعبأة ذات السعر المعقول رغم ضيق اليد، ساعد قليلاً رغم ما خلقه من حالات التسمم وسوء التخزين، يبقى الحل الثالث بالاعتماد على قناني المياه المعدنية كالصحة وندى وريم وصنين وغيرها من موزعيها وليس من البقالات الصغيرة أو السوبر ماركات التي تعاني انقطاع الكهرباء رغم ثمنها الغالي نسبة للمعاشات الضعيفة التي يتلقاها المواطن. ويبقى السؤال، هل يعقل ألا نجد مياها نشربها في بلد الأنهار والينابيع؟

- بالفعل، أجبت على سؤالك بنفسك، وبسؤال، هل يعقل؟

- رافقتك السلامة!

- أشكر لطفك، تمنى لي حظاً جيداً، وإلى اللقاء،
سلامي للجميع، بسمى متجهة نحو البوابة رقم
23 بعد أن سمعت النداء الأخير على الركاب
المتجهين إلى بيروت التوجه حالاً نحو الطائرة.
مشت برأس يلفه التشويش الكثيف متسائلة، إلى
متى على سلم الطائرة؟ هل سيأتي اليوم الذي
أنام فيه قريرة العين في غرفتي في قريتي،
مواطنة لا يكدرني قلق تجديد الإقامة وخوف
الإبعاد لمجرد كوني مقيمة؟ حينها سألف العالم،
ولكن سياحة، السفر في دمك، لا تنكري.
وتردد خافتة الصوت والملمح " وطن التمديد أنا
هنا، حدث أتذكر من أنا؟، كلنا للوطن والوطن
لهم، وهكذا إلى أن بلغ عدد اللبنانيين في المهجر
ما يناهز .... الملايين. حكام على من؟ على
أنفسهم؟ أم على ملايين اللاجئين الذين اجتاحوا

البلد بسببهم.! أين المواطن اللبناني؟ جاري
البحث والتدقيق ... أما التمديد فاقتضاه الوضع
الأمني الخطير الذي تمر به البلاد، والذي لا
يعي أهميته المواطن اللبناني الجاهل بالسياسة
ومكنوناتها. دعوا السياسة للسياسيين وانشغلوا
بأوجاعكم التي نحن السبب فيها، متم وعاش
الإقطاع، عاش السلطان العثماني وحريم
السلطان. " أحبك هيام، يا جميلة الجميلات، يا
سلطانة فعلية، من أخوات إن الفاعلات حقاً".

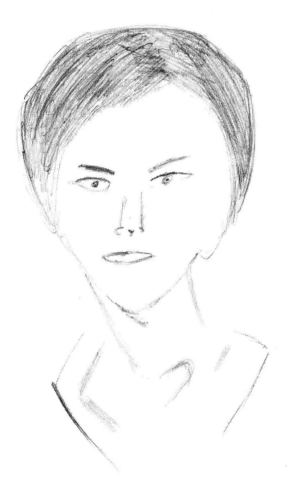

الجزء الرابع "سراب"

بداية، كان لريمون متطلبات، كان يلمسها
أحياناً كما وكان يقبلها أحياناً، ولقد طلب من سراب
مرة ممارسة الحب، إلا أنها تمنعت حراماً، فهو
على دين وهي على دين آخر، طلبت منه تغيير دينه
والزواج بها بشرع الله، لكنه استكبر فهو راهب
ويمضي معظم وقته في الكنيسة ورويداً رويداً
ازدادت رهبنته لدرجة أنه بات يمضي معظم العام

صائماً عن النساء جميعاً بما فيهن زوجته. تمر الأعوام وسراب على قناعتها، تحب ريمون وتقوم بصلاتها، تربي ابنتها الوحيدة الى أن كبرت وتزوجت وأنجبت بدورها بنتاً لتجعل بذلك سراب جدة، سراب التي كادت أن تفقد أعصابها ذات حفل زواج، لم تستطع أن تتقبل فكرة أنها أم العروس، فهي لم تكن عروساً يوماً فكيف لها أن تصبح ببساطة جدة!. بجانب كرمه الشديد غير المبرر أحياناً يزداد ريمون تملكاً لسراب وغيرة عليها، فهي مرة عاندته موافقة على خطوبة أحدهم لها حيث أقام الدنيا ولم يقعدها وحجته " خذي هذي الحبوب" ستقتل فيك أي غريزة، ابقي معي.

يحدث أن تكتشف الضحية سراب سر خداع الجاني ريمون، يريدها مسيحية؟ وسيتزوجها؟ كيف، هل يستطيع المسيحي الطلاق؟. ذلك المخادع، هو على علاقة طبيعية مع زوجته إذن،

وليس كما يدعي والدليل حملها الثاني!. كرد فعل طبيعي عليها أن تبدي امتعاضها، ولكن ما حدث كان العكس، فهي تشبثت بموقفها على التمادي باللعبة لسببين، أولهما إرضاء لغرورها بأنها لم تكن مخطأة بالوثوق به، والثاني لرغبتها باكتشاف المزيد، فهي وبما أنها باتت على علم بشخصية الجاني المرضية الغرور وحب التملك وانفصام المشاعر والشخصية، أصبحت على ثقة من أنها استعادت دفة تسيير الأمور، المشكلة الحقيقية التي لم تجد لها جواباً هي إلى أين؟ ماذا تريد هي منه؟ سؤال بقي دون إجابة... ورغم ذلك، هاتفته قائلة " لا أحب الاقتراب أكثر، تسعدني فكرة رؤيتك على غير حقيقتك، أو لربما حقيقتك إلا قليلاً، بالمسافة بيننا أضمن تمثالك البرونزي، أخشى ما أخشاه لو اقتربت أكثر، أن يصبح حلمي الذهبي حصاناً من خشب، ليس لسوء فيك، إنما هي الحقيقة، لسنا كما نبدو في الصورة وهذه أيضاً حقيقة".

.......وتسأله، ولكن ما الفرق بين الموت والغرق؟

ليبتسم ويجيبها، الفرق عينيك.......

إلى أن يأتي يوم تقول فيه، أرغب بالشجار،
كحالة من حالات الحب، تقولها منتظرة رد الفعل.
المتعة في رد الفعل ممن اعتادت منه السكوت التام.
يتفقان على الشجار عصراً، فهو الآن مشغول،
وهي تعده بأن تنتظره. صدمة العودة المفاجئة،
هستيريا العشق الكره، هو ما تملكها لحظة دق
بصوته على أحبال قلبها المهترئة، متوقعاً سماع
ناي حنون. لقد دفنت حبي عاماً مضى، قالت ولم
يصدقها، فهما على موعد شوق كبير لطالما تأجل،
من طرفه طبعاً كما ذكرت لكم سابقاً، له الأمر من
قبل ومن بعد.   لم تذهب سراب كما ولم يأتِ
ريمون الراهب، كما عودها دوماً، يتخلف عن
مواعدته لها رجولة. الرجولة في إخضاع سراب،

في السيطرة عليها، من وجهة نظرها طبعاً، الرجل بالأساس صياد، محارب ولو على صعيد حبيبته، هو يحبها تنهمر سراب انهياراً اتسم بشلال دموع لطبيبتها . لا أريد حبه المريض، حبه المفعم بالسقم،. يريدني حلماً عصياً على التنفيذ... أنا ماذا أريد منه؟ البراء. حين يتعلق الموضوع بالإحساس، مسافة أمان هي ما تفرق وفي نفس الوقت تحمي، نوعان هم البشر من حيث الاختلاف بالتطبيق، منهم من يفضل عيش الحياة على بساطتها وبشكل طبيعي بما فيها من حلو ومر، ومنهم من يفضل النأي بالشعور التام خوفاً على الحبيب من الخسارة بما فيها أيضاً من حلو ومر، وكلاهما مؤلم.. هذا ما أفادتها به طبيبتها النفسية هيام ليلة الأمس، وبعد ذلك وبناء عليه:

تجوب سراب ممر الانتظار في قسم الطوارئ، ليس قلقاً وليس عدمه، هي عادة اكتسبتها من والدة رفيقتها التي تجوب هي بدورها قلقاً على ابنتها المريضة. بجانب مواساة الوالدة أم كامل على مرض الابنة الغالية عائشة، هربت سراب بذهنها مخاطرة حبيبها الغائب " أستحضرك حبيبي، ليس لأنك بانتظاري، حباً بليل هادئ، بل لأنني الآن وأنا أجوب، أحتاج لأن أستحضرك، لن تشاطرني الممر الليلة ولن أشاطرك السمر، كما ولن أتوقف عن حبك." حبيبها الذي استأذنها لقضاء حاجة ولم يعد، ظنت أنه مات شهيداً أم أنه سجن، فهو ملاحق كما ادعى لبطولة لا أحد يعرفها غيره. وكان يومها عيد ميلاده، لكنها وبعد أن اكتشفت أنه ذهب برحلة صيد جديدة لفريسة جديدة، قررت أن تعتبر ذلك اليوم عيد ميلادها هي، فهي يومها ولدت من جديد بعد أن دفنت حبها لشخص لا يستحق.

سأذهب برحلة ذاتية لألملم روحي المشرذمة، وحين سأضطر للمرور بجانب طيفك، سوف أغض النظر، لا أريد لروحي ألما أكبر. أتعلم، سأسافر، سأحيى من جديد، سأسلك طريقا آخر أنت لست فيه، أنا وحدي، فهو طريقي وحدي، لطالما كنت وحدي، لم تحتكر طريقي إذاً؟ سأغير أسلوبي المخطط، سأمشي بمحاذاة الحياة إنساناً متفرجاً، ولتكن حياتي عابثة. لا أريدها مرسومة، سأدعها ريشة في مهب القدر، وإني لمتأكدة بأنها ستكون كما يجب أن تكون وكأنها أخضعت لأقصى حالات التخطيط المحكم المسبق، بإرادة الله عز وجل، تتخذ سراب قرارها، وتبدأ عملية البحث المضني عن شريك جديد أكثر ملائمة لظروفها.

كما وتلتحق بمعهد ظنته بداية للرسم، ولكنها عرفت لاحقاً، بأنهم ينادونه بمعهد للـ "غرافيك

ديزاينز". هي تحب الرسم وتتقنه منذ نعومة
أظافرها، كان قراراً صائباً أن تصبح غرافيك
ديزاينر، واليوم وبعد أن تخرجت التحقت بمؤسسة
إعلامية مرموقة تعنى بالإذاعة والتلفزيون
والصحافة، وها هي قد وفقت والحمد لله بوظيفة
مصمم إعلانات مساعد. وسوف تتطور بإذن الله
لتصبح رئيسة قسم تصميم الإعلانات التجارية في
المحطة التلفزيونية التابعة للمؤسسة. حيث تعرفت
على كلوديا، منى وعائشة، أخواتها التي لم تلدهن
أمها (شلة الأنس).

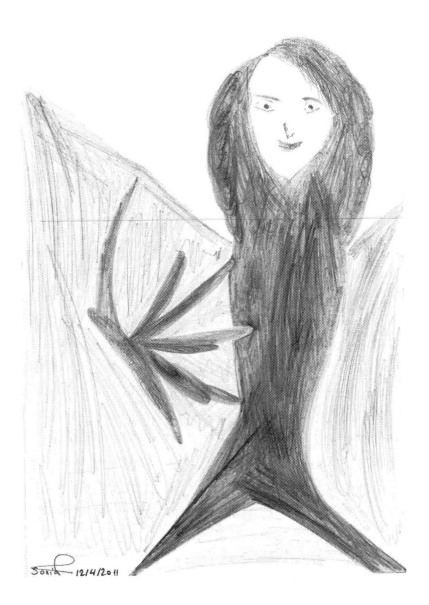

Sonia 12/4/2011

الجزء الخامس "عائشة"

بعد خلافهما الأخير حول كل أمور حياتهما
تقريباً، انسحبت عائشة من المشهد المؤثر لتنازلاتها
الدائمة، وتركت حيدر يجوب النساء، وبعد أسبوع
ونيف، عادت لتضحك على صدقها التافه لحبيب
أتفه ومشت. تقول عائشة : اقترب الفالنتاين،
واشتريت الفستان الأحمر، يبقى فقط سؤال واحد،
حيدر كيف حالك؟. أخشى ما أخشاه، وفي غمرة

العشق المكثف، أن أصطدم بما أنت عليه من تشويه، قالت عائشة لحيدر بنظرة حسرة، مستبقة ما ستؤول إليه الأحداث.

- لن أطل ولو بطرف العين فأنا أعرف النتيجة عائشة، لطالما كنت متشائمة ومتسرعة، أنا حيدر أنسيت؟

- أيا حيدر، ألم تقل يوماً أن مهما فرقنا الدهر ستبقى دائماً وأبداً لي؟ لم فضلت إذن علي جميع النساء؟

- يا عائشة، ألم تقولي وبعظمة لسانك بأن الدهر قد فرقنا؟ لم العجب إذن؟. عائشة، حين حدثتك عن كلينا، لم أقصد أنا التفرقة حبيبتي، فأنت روحي وتعلمين ذلك، أنت يا عائشة كل النساء.

تلف عائشة البلاد وتتقصى حال حيدر المتذبذب، فمنهم من ينكر رؤياه ومنهم من يدعي

عدم المعرفة. تحار عائشة فيما ابتليت من ظنون وفيما خصها الله من مشاعر، فتجلس محاذاة الشاطئ منادية جني البحر بأن أفدني، أحب حيدر وأريده دائماً لي. فيحار الجني وقد أصابته بمقتل ليجيبها لو عرفت وسيلة لضمنت حوريتي!.

يا حيدر، سألت جني البحر وحار بيني وحوريته، أرحني من صوبك لأصده عن الشاطئ، فهو لنا أنت وأنا، أولم تقل لي يوماً يا عائشة، أنت الشمس تأتيني من الشرق، ذهبية اللون والقلب!. يا حيدر، بي لسعة بالقلب مرة، فمنذ أيام لم أنم، أفكر بكلينا مرة ومرة بكل منا على حدة، ما يحيرني يا حيدر، كيف أن لكلينا الهاجس نفسه وبأن لكلينا نفس التحفظ. يا حيدر، أحس بالروح تتسلك مني على غير عادتها، فهي بدلت سلوكها أيضاً، تيمناً على ما يبدو بكلينا أم بأي منا، باتت تتعنت يا حيدر

وترفض الانصياع، تأبى إلا أن تئن بروحي وتصرخ وبملء الصمت، هذه ليست أنا، هذه ليست أنا. وأتساءل، ماهية الشعور إذن؟ تقول ليس بحب، ليس بكره، ليس بغيرة ولا بحب تملك، أهو التعذيب يا حيدر؟.

- عائشة كلامك يؤلمني!

تلتحق عائشة الحامل بمؤسسة إعلامية مرموقة، طباعة ولكن!، هي متعلمة نصف تعليم، أنهت الثانوية العامة منذ مدة وتعرف لغات، قليلاً، ولكنها أخذت دورة في علوم الكمبيوتر وتعلمت المراسلة عبر الانترنت وكذلك سوف تقوي نفسها ببرامج الأكسل والباور بونت. لا يهم، من يعلم، هي اليوم طباعة، قد تصبح سكرتيرة ومن ثم مديرة مكتب. لم لا، الله قادر على كل شيء ونهاية سلمها الوظيفي جيد، مديرة مكتب رئيس تحرير المجلة، سوف تصبح مديرة مكتبه، ذاك الرجل

الوالد، ذات الوجه السموح، سوف يبقى لن يغيروه إلى حينها، ترجو ذلك.

وهكذا كان فلقد ترقت عائشة وبشكل منطقي يناسب تطورها المهني، وينطبق على السياسات والإجراءات الواضحة العادلة التي تسري في المؤسسة، رغم كل ما يحكى عن فوضى إدارية تعتري المؤسسات المحلية، إلا أن في لبنان تاريخ من هذا النوع الصارم من اللوائح الإدارية في المؤسسات العريقة التي يملكها الأرستقراطيون ذوي الأصول البرجوازية. لقد تغير المدير، الأب الوالد، ولكن بمن لا يقل أهمية عنه، إن لم يكن بأفضل منه.

حملت منه منتصرة ومن ثم أنجبت عائشة المنشقة عن حيدر، بنتاً كما البدر أسمتها سهى، وأودعتها الحضانة من عمر شهرين، لا تعذب

والدتها بها وكذلك هي لن تصرف دم قلبها على الخدم، تريد لابنتها طفولة مثالية بعيداً عن الخدم ومشاكلهم، واليوم أصبحت سهى بالصف الأول وهي وبعون الله ستستمر بمدرسة الراهبات، هن أفضل من يربين البنات، بنات الذوات، لا يهم ستتدبر وحيدر المنفصل تكاليف التعليم، هي ابنتهما الوحيدة ويحبانها حباً جماً، رغم انفصالهما وانشغالهما كل بأموره الصغيرة، حيث أثر انفصالهما على نظرتهما للحياة، فحيدر قل تعلقه بنساء الأرض وعائشة ركزت في تربية سهى وشلة الأنس صديقاتها، بجانب العمل طبعاً، إلى أن بدأت تشكو أعراضاً غريبة تتزايد قبل وأثناء الدورة الشّهرية. كان من الجيد إقحام حيدر بحياة سهى ولو بالقوة أحياناً حين يتمنع لسبب تافه أم لآخر أتفه، حيدر أصبح كما منى معني بتفاصيل حياة سهى اليومية ونزهتها الأسبوعية إلى حديقة الصنايع بداية ومن ثم إلى abc ومطعم ماكدونالد

عين المريسي، كما كان يعد لها عشاءها حين تذهب عائشة لزيارة إحدى صديقاتها مضطرة لعشاء طيب، أم عيد ميلاد أحداهن، أو زيارة مريضة.

الجزء السادس "رائدة"

- أعلم أنك مللت همومي، ولا ألومك، آخر كلمة أريد قولها قبل موتي أنني أحبك.

- لا لا تقل ذلك فأنت الخير والبركة، بارك لنا الله فيك، لم أكن بخير هذا كل الموضوع، تشجع ستكون بخير.

- أي خير مع السرطان؟

- بماذا تحس؟

- لا أعرف، خدر، تنميل، غثيان، كل شيء ولا شيء.
- لم لا تتصل بالطبيب؟
- قال لي علي دخول المستشفى.
- بالطبع يجب أن تدخل المستشفى، فأنت لا تعاني برداً خفيفاً، أنت مريض بمرض خبيث، لا تهمل أرجوك، لأجلي.
- من أين؟ لم نعد نملك المال حبيبتي.
- أعلم ولذلك نقطتك بسكوتي، فليس عندي كلمة جيدة لأقولها، لم أستطع تأمين المبلغ.
- لم تقصري، ما قمت به كان كافياً، حبذا لو أبقيت المبلغ لك، لم نستفد منه، فأنا قد انتهيت.
- لا تقل ذلك أرجوك
- أحبك
- وأنا أيضا أحبك، قاوم لأجلنا أنا وابنتنا أرجوك.
- أريد أن أعيش، لا أريد الموت، ولكن ليس الأمر بيدي.

- أخبرتك من قبل، لقد أفادتني الملائكة بأن هناك أفضل.

- أراك تستعجلين رحيلي!

- لا والله، ربما كانت رؤيا لتخفف ألمي وخوفي من خسارتك.

- لا أحتاج لشيء بعد الموت حبيبتي.

- سوف نبني لنا قصراً بالجنة سأذهب معك بجلطة قلبية، انتظرني لنرحل معاً، ولكن إياك وخيانتي مع الحوريات.

- أحس بك حين تشجعينني بينما يتملكك اليأس.

- أتعب حين تتعب، أبكي حين تبكي، ماذا عساي أقول، أعاننا الله على ما بلانا.

- سوف أسكت.

- لا، تكلم فأنا معك، لا تسكت أبداً، قل ما شئت، تفوه بكل ما لديك من كلام.

- لا أعرف ماذا أقول، سوف أصمت.

تعود رائدة للقائهما الأول وكيف أن الأمور
سارت على أروع ما يكون الى أن انقلب الحال
فجأة ليعلمها بمرضه وبحاجته الملحة للمال للعلاج،
وبعد نقاشات عديدة حول إمكانية الاستعانة
بمؤسسات ترعى مرضى السرطان وإصرار شديد
من قبله على رفض المساعدة، تضطر للمشاركة
ولو جزئياً بتأمين التكاليف، رغم ما أفادها به عن
عدم توفر أي تقارير طبية باسمه تثبت صحة ما
يقول باستثناء أنه مقاومة، فهي راقبت وعن قرب
تطور الحالة، أو حسب المعلومات التي كانت
تصلها منه، فهما كانا حبيبين عن بعد، لم تره يوماً
أم يراها قبل وصولها إلى مدينته للزواج به على
الرغم من حالته الصحية التي كانت تنذر بشؤم
قريب، حملت رائدة وأنجبت ابنتها "نداء" التي
أقامت مع والدتها في بلد إقامتها بالخليج وذلك
بداعي عملها المربح جداً، ألا وهو تصفيف الشعر

الذي اكتسبت فيه خبرة واسعة وزبونات من مستوى راق جداً.

كان في كلام سالم ما يثير ريبتها حيث كان يرفض طلب المساعدة من أهله لأنه على خلاف معهم على عدم تفهمهم لرسالته النضالية وجدية القضية، واستمراره بطلب المساعدة منها فهي غنية بنظره بما تملكه من مظهر أنيق ومجوهرات ظنها حقيقية، ولكن وبعد أن عرفته عن قرب، عرفت مدى صدق سالم ومدى اعتزازه بنفسه وكرهه للتسول كما كان دوماً يقول، بما في ذلك من ذل، وما كان ليطلب مساعدتها لو لم يعتبرها جزءاً منه. وتضحك رائدة ضحكة الحسرة على حبيب جاء لبضعة أيام ورحل.

الجزء السابع " ماتيلدا"

متيلدا سيدة محترمة، مارونية متدينة ومحافظة وتحب الأصول، فلنقل هي سيدة أصولية إلى حد ما، حصل وأن أهملت مرة بزيارة زميل مريض، ووالله من دون قصد، إنما لمشاغل الدنيا وملاهيها الزائلة، واليوم صباحاً اتصلت لتطمئن وتحدد موعداً للزيارة حيث أنها تمتلك المتسع من الوقت الآن، إلا أنها

علمت بأن المريض قد توفاه الله، رحمه الله وأسكنه فسيح جناته، لذا فهي دائما تقول، نصيحة، زيارة المريض واجب، لا وقت لديه لينتظرنا !.

مشكلة متيلدا أنها نمطية، النمط " Pattern " أو النموذج، هذه الكلمة التي تطبق عادة بالمناهج العلمية كوسيلة تحليلية لمعرفة حقيقة معينة، لو حاولنا تطبيق هذه الكلمة " النمط " على أدائنا، أي لو تساءلنا لم نقوم بهذا العمل ولم نتجنب ذاك، لوجدنا أن الفوضى هي نمط منظمة دون حتى أن نعي نحن مدى ترتيبه. جميلة فلسفة متيلدا، الكون منسجم رغم فوضوية عناصره، قد تكون نموذجية وتقليدية أيضاً أو ما يسمونه "Stereo type " رغم أنها صريحة ولطالما صدمت صراحتها أصدقاءها وصديقاتها ولكنهم يتقبلونها كما هي فهي متيلدا

74

الجريئة، طيبة القلب، الصادقة والصريحة.
الصراحة، كأن نقول لا لما لا نريد فعله لشخص
نحترمه ونقدره، هي من واجب الإنسان
الصادق الذي لا يقبل بالمجاملة على حساب
نوعية العمل، قد نختلف بكيفية التقدير ولكن ما
يجمعنا دوماً احترام الرأي الآخر ولو كان
مغايراً لما نراه مناسباً، طالما بقي الرفض بعيداً
عن التعسف باستخدام الحق. هذا رأي متيلدا
الذي على المحيطين بها تقبله، أو على أقل
تقدير تفهمه.

أما عن الكذب فهي ترى به سلاح من لا
يقوى على قول الحقيقة، من لا يقوى على قول
الحقيقة هو بنظرها شخص خائف أو مخطئ،
الشخص الخائف أو المخطئ هو شخص يفضل
أن ينأى بنفسه عن مواجهة الواقع بكل ما فيه
من خير وشر، أما من ينأى بنفسه فهو قد أسدى

ودون أن يدري خدمة للمجتمع الذي سيرفضه لأنه ببساطة شخص كاذب فاقد للمصداقية، ولكن ما فائدة المجتمع من شخص منطو؟ شخص يعني فرد بالأساس، فرد من أفراد المجتمع، إذاً عليه واجبات تجاه مجتمعه، الخدمة التي يسديها لمجتمعه كف شره!، هي متأكدة. رغم أنها تعرف بأن الكذب أحياناً مطلوب وقد يكون حلا لحماية من تحبهم من جرح مؤكد أو خسارة فادحة. تجاهر بعقيدتها الصارمة لصديقتها كلوديا.

- حسنا يا متيلدا، ولكن ماذا لو، تنأين بنفسك مستضعفة، غير قادرة على المواجهة بسبب التهميش والقمع والظلم؟. أن تنطوي على ذاتك مكتفية بأن تلوذي، وإذ تفاجئين بأن أحدهم يفكر فيك ويحب لك الخير؟. والأسعد من ذلك أن تجدي أكثر من جهة تسعى لمساعدتك قدر

استطاعتها وبطيب خاطر، الدنيا بخير مؤكد فإن خليت خربت!. أنت، حين تخالطين الأغنياء تتكبدين الكثير من عبء نظرات التعالي والازدراء والمتاهات المادية المقززة، وحين تخالطين الفقراء تغرقين ببحر من الألم والشقاء والجهل، لتعودي لنفسك باحثة عن عالم يناسبك، عالم لا غني فيه ولا فقير، بل مقياس التواجد يقتصر على نقاء القلب وحسن البصيرة، تحاولين جاهدة لكنك تجدينه، فليس الجميع من الفئتين المذكورتين، هناك أمثالك ممن يبحثون عن عالم أفضل على نفس الكرة الأرضية التي ما تزال تدور وتدور.

- يا صديقتي كلوديا، الله يسخر لنا من نحن بحاجة لهم، منذ ولادتنا نجد من يصرف علينا المال إلى أن نكبر، بعد أن نبدأ بالعمل نبدأ بإعالة

أنفسنا متقاسمين بذلك عبء المصاريف مع أهالينا، لنبدأ برحلة بناء المستقبل والإنفاق على أطفالنا العزل من أي مال إلى أن يكبروا بدورهم وينفقوا هم علينا كما ننفق على أهالينا إن اقتضى الأمر. لو نظرنا إلى حركة المال سنجد بأن المال ليس لمنتجه، المال لصاحب النصيب، فتجد من يبخل على نفسه لينفق على مظهره الاجتماعي، ومن يساعد بإسعاد الآخرين المحتاجين، ومن ينفق سراً على أمور لا تعني أحداً سواه، غريبة لعبة المال التي ندور جميعاً حولها منذ الولادة حتى القبر، تستهلك حياتنا دون نتيجة تذكر على المستوى الوجودي والروحي. لو عكسنا الآية، كأن نعيش للعيش، لمجرد بقائنا على قيد الحياة، دون القيام بالتزامات وهمية منها على سبيل المثال لا الحصر الدراسة والبيت والزواج والشيخوخة والكفن واللحد وكل هذه التفاصيل المادية،

واستمتعنا بالهواء الطلق، بالبحر، بالسماء والنجوم ومياه الينابيع وحبات الفاكهة!.

- ستتأخرين؟ المكتب في حرب اليوم، والعمل قاتل، أعاننا الله على هذه الأحداث المتسارعة، كيف لهؤلاء المقاتلين أن يلتقطوا أنفاسهم، فنحن جماعة الإعلام ونشكو عدم النوم، أنهيت التقرير؟ هل ستذهبين لزيارة عائشة اليوم؟. لقد اتصلت بي رائدة، وقالت بأن عائشة تشكو ألما شديداً بالمعدة وقد أدخلت المستشفى، أولست أنت من قال زيارة المريض واجب؟، أنسيت؟.

- حقا؟ مسكينة عائشة، بالأمس اتصلت بها لأطمئن عليها ولم يعجبني صوتها، كانت يائسة تقول أن احتمالات الأورام واردة بحالتها فوالدتها استأصلت الرحم من قبلها، وقد تكون

الآلام التي تعانيها مؤشرات غير محببة. بالتأكيد، سنذهب سوياً، أي ساعة؟ ماذا عن سراب، ستتصلين بها؟ أم أسألها أنا عن حال عائشة، فهي بالأمس كانت معها تعنى بابنتها سهى.

- نعم، اتصلي بسراب ولاقيني في المستشفى الساعة السابعة بالضبط، لا أستطيع أن أتأخر، فأنا على موعد مع شخص قد يكون مناسباً، أقول قد، لإنهاء حالتي العنوسية المستعصية.

- حقاً؟ جميل، خبر جيد وسط معمعة المرض والفقر والقهر التي نعيشها.

- أضيفي إلى ذلك، عدم الإحساس بالأمان، هههههه، سلام، ألقاك.

- متى سأتقاعد وأرتاح؟ تعبت عيناي من طباعة التقارير وانقسم ظهري.

- خففي من وزنك، وقومي بتمارينك الرياضية وأكثري من شرب الماء، اقطعي القهوة...

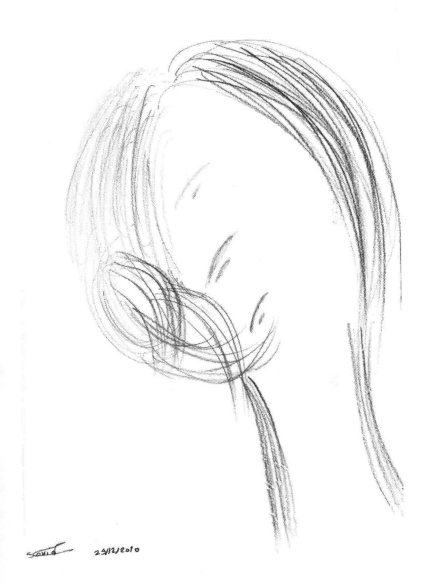

29/12/2010

الجزء الثامن : "سهى"

عائشة تبدو مستكينة، هي بالأحرى مخدرة،
مع الكثير من الاكتئاب العميق، هي تحس بأنها
على موت، لن تتخطى الأزمة، ابنتها سهى
ستلتحق بأبيها، وهذا جيد، حيدر رجل محب
وحنون، هو ليس ثرياً إنما على فكر، كما
وعلى خلق، رغم أنه مبالغ بحبه للحب

والغزل، إلا أنه يعرف الله ويقدر المرأة، يحترم
فكرها، فلنقل نوعاً ما.

ترتئي عائشة حضور حيدر للاتفاق بشأن
سهى، بحضور كلوديا، متيلدا، منى وسراب،
شلة الأنس، صديقاتها اللواتي لم يتركنها لحظة
مذ عرفتهن في المؤسسة الإعلامية التي
احتوتهن في وقت من الأوقات ورغم أنهن
تفرقن إلا أن صداقة جميلة هي ما جمعتهن
دائماً. وبحضور حيدر الأب، يتفق الستة على
الاعتناء بسهى بعد رحيل عائشة ومتابعة
أحوالها، لتطمئن روح عائشة المعذبة في
قبرها.

وهكذا ترحل عائشة بأمان الله إلى بارئها،
وتترعرع سهى في حضن والد شبه متفرغ
وأربع صديقات يحاولن تقليد دور الأم الغائبة،

وتستفيد سهى من هذا العدد الكبير من المحيطات بها لتبتز ضعفهن تجاه طلباتها البسيطة بداية إلى أن تصبح شخصية أنانية تحتاج للتقويم. يجتمع المجلس النسوي للبت بشأن سهى التي باتت طلباتها كثيرة وتشكو تراجعاً ملحوظاً في علاماتها الدراسية، وبعد المناقشات تتفق النسوة الأربع على أن تقوم اثنتين منهن بمراعاة الطفلة سهى لمدة ستة أشهر ومن ثم تنتقل المسؤولية للباقيتين وهكذا وبشكل متتالي، ويكون الأب على اطلاع بكل التفاصيل، فالمقر الأساسي لسهى منزل حيدر، الكهل الذي لم يعد يرغب بالزواج كما ويعتبر النسوة الأربعة أخوات لم تلدهن أمه.

من الأفضل أن يكون للفتاة والدتين، على أبعد تقدير، فلقد اصطلحت أحوال سهى، وتفوقت، واحتفظت لعائشة بذكرى جميلة جداً، المرأة القوية الراضية، والأم الجميلة الحنون، وهي لن تكون

أقل منها، لقد عاهدت نفسها على ذلك. سوف تتخصص بالطب النووي، هي تكره السرطان وستساهم بالقضاء عليه.

كلوديا ومنى الآن شارفن على السادسة والخمسين، وحيدر يكبرهما بسنتين، ولم يوفق الله كلوديا بزوج، لقد أمضت حياتها هكذا عزباء، ولكن ببنت لذيذة جدا بالتبني الجماعي اسمها سهى، فلسراب بنت بعمر سهى تقريباً وتعتبر نفسها أختاً لها، ولماتيلدا ثلاثة شباب بلغوا سن الزواج وهي منشغلة بالبحث لهم عن بنات حلال يناسبن ظرف ماتيلدا المعقد تقليدياً. إنما دون فائدة فالشباب لا يعيرون أذاناً صاغية للوالدة العزيزة، خوفاً من تورطهم بزيجات تودي بهم للخيانة والطلاق، يفضلون الزواج بمن يحبون وبناء أسر مستقرة مطمئنة. وهذا مقنع بنظر كلوديا، التي لطالما كانت واسطة الخير التي تنهي ماتيلدا عن طلب يد تلك

لروبير واعتذارها من أم تيك لعدم رغبة مارون بالزواج حالياً.

وتتساءل كلوديا، هل أن الرب لم يقدر لي الزواج لأعنى بسهى؟ أم لأكون أختاً لمنى، لماتيلدا، سراب وحيدر، ما الذي يربطني بهذه الشلة؟ لم هم أقرب مني إلى نفسي؟ وهل أنا قصرت تجاه عائلتي بتفضيلي الشلة على مجتمعي الضيق العائلي؟. ما الذي يجعل ألكس أخي الطبيعي من أبي ويمنع حيدر من أن يكون بنفس القرابة؟ ألأنه ليس من لدن أمي؟. وما المشكلة في ذلك، فلأم حيدر ومنى وماتيلدا نفس المواصفات، أوليسوا كلهن أمهات، ونحن أبنائهن كما الرب هو إله الجميع ونحن أبناءه؟. أما أنت يا منى لو لم تغدري بي وتزوري زينب في بوسطن؟ أشتاق لثرثرتك يا مشاغبة، عودي قريباً.

ماذا كنت لأفعل إن كنت أنا سهى، أمي هي
من توفاها الله، من ستكون أمي؟ وكيف كنت
لأتدبر أمر اليتم؟ لم لا نؤمن لكل يتيم أم، وإن لم
تكن جيناتهما متطابقة، الأم من ربت وليست من
أنجبت، وهذا ما أحسه، سهى ابنتي أشبعت إحساس
الأمومة لدي، كم هي جميلة فكرة قرى الأطفال
SOS؟.

الجزء التاسع: " نداء"

نداء بنت رائدة، يتيمة الأب، المرحوم سالم،
مريض السرطان، هي لم توفق بأهلها لآبيها، فهم
لم يعترفوا يوماً برائدة ولا بحفيدتهم نداء، لقد
زارتهم مرة في عمان مع والدتها على مضض من
قبل الطرفين، وكل ما يخص حياتها هو مسؤولية
والدتها، رائدة الكوافيرة، حلاقة الشعر التي
ضاعفت جهودها وقصاتها لتؤمن قسط المدرسة

89

الأجنبية لنداء لتصبح بذلك دكتورة غدد لمفوية.
وهي متأكدة بأن لقصور الخبرة العلمية بهذا
المجال السبب الرئيسي في ذلك الوقت بوفاة والدها
المرحوم، التي لم تره قط، فلقد استأصلوا الكلية
علما بأن المرض في الغدة، وكان من المفترض
الإبقاء على الورم وتجميده وليس جرحه، لينتشر
كالمجنون آكلاً جسد والدها المسكين.

ستسافر نداء، ستعود إلى بيروت، لتدرس
بالجامعة الأمريكية التي ستلتقي بها بسهى التي
ترغب بالتخصص بالطب النووي، علها توفق
بتوفر القسم المطلوب لكي لا تضطر للسفر إلى
أميركا حيث الخالة زينب بنت الماما منى، كما
تناديها سهى.

ولكن ولم لا فيما لو قدر الله لها السفر فهي
عندها أخت هناك، ولو كانت تكبرها كثيراً تدعى

زينب وستفتح لها بيتها بالتأكيد وستساعدها كثيراً
بالوصول إلى مساعيها، خاصة وأن الدكتورة
زينب دكتورة معروفة جداً هناك، تقصدها نساء
العرب في المهجر، هذا ما تردده ماما منى على
مسمعها دائماً، باعتزاز.

تلتقي نداء وسهى في قسم تسجيل الطلبة في
الجامعة الأميركية، وتشعر البنتان بتقارب الأفكار
واحتمال الصداقة بينهما من أول نظرة، مما يجعل
البنتان تتفقان على التسجيل في قسم الطب النسائي
بعد أن أقنعتهما المسئولة هناك بأن البلد بحاجة
لطبيبات نسائيات وإمكانية توفر عمل أسهل من
التورط بتخصصات صعبة تفضل المستشفيات
المحلية الاعتماد فيها على أطباء معروفين،
خريجين قادمين من جامعات معروفة عالمياً.
خاصة وأننا في زمن الصحوة الدينية، تقولها

الموظفة مبتسمة، فنساء العرب بتن يفضلن الطبيبات على الأطباء، لغاية في نفس يعقوبة!.

يبدأ العام الدراسي وتبدأ البنتان بالالتحاق بالصفوف متقاربتين متفاهمتين لدرجة تقوم بها سهى بدعوة نداء على الغداء في منزل حيدر، والد سهى الطيب والأمهات الثلاث حيث منى لم تعد بعد، يبدو أنها سعيدة بأميركا وزينب ابنتها تقوم بإعداد أوراق الهجرة لها، تريدها أمريكية، منى يجب أن تأخذ الجنسية، هذا أقل شيء تقدمه زينب لمنى كنوع من رد الجميل.

بحضور كلوديا، سراب وماتيلدا يتم الغداء وبمنتهى الروعة، فبدل البنت أصبح لديهن اثنتين، نداء لا تعرف أحداً في بيروت، سوى سهى وشلة الأمهات والوالد حيدر، بينما رائدة وفي المقلب الآخر من الأرض، تتقطع قلقاً بشأن زيارة ابنتها

الغامضة لنساء لا تعرفهن، وشوقاً لرؤية نداء المقدسة.

حبذا لو تم تطبيق قانون الحق بإعطاء الجنسية للبنانيات المتزوجات بأجانب، سالم لم يكن أجنبياً، كان فلسطينياً، ولكنه وللأسف يعتبر أجنبياً بدوائر الهجرة اللبنانية، ولطالما حمدت رائدة ربها على تواجدها بدولة نفطية وإلا لما استطاعت تأمين دخول ابنتها الجامعة الأمريكية، التي كانت السبب بالسماح لنداء بالإقامة في بيروت.

رائدة لن تقصر سوف تطرق كل الأبواب التي تعرفها بشأن إقرار ذاك القانون الذي يعتبر أضعف الإيمان، هي ناشطة على مستوى الجمعية النسائية التي تعنى بالموضوع، وسوف تحاول مع شلة الأمهات المتنفذات التي أخبرتها عنهن نداء بالهاتف، أمس بعد أن عادت من الغداء الطيب

الذي استمتعت به في بيت سهى، كما هو واضح من الصور التي أرسلتها لها على الواتس أب.

رائدة شرطي جيد، تحرس ابنتها الملاك ولو عن بعد، وكذلك سوف تحصل لها على الجنسية اللبنانية، هذا عهد عليها قطعته منذ ولادتها، يبقى سؤال وحيد مثلث، كيف؟ متى؟ وبأي ثمن؟. عموماً والأهم أن نداء مرتاحة في سكن الطالبات، موفقة في دراستها بالجامعة الأمريكية وسوف تحصل على وظيفة تخولها البقاء في بيروت إن أحبت أو العودة إلى حضن والدتها التي ستبقى مجبرة في تلك الحال على مزاولة مهنة الحلاقة التي أرهقتها مدة عشرين عاماً رغم ادعائها الكاذب"عيشتنا لا تشكو شيئاً سوى الغربة".

لحيدر المسالم أحياناً بعض الومضات الخفية، هو استرق السمع لقصة نداء ولا يخفي

على نفسه سراً، أنه أعجب بسيرة تلك السيدة المثابرة البطلة، تخيل ملامحها؟ نعم استعرضها في مخيلته. هو اعتقد بأنها طويلة القامة، ممتلئة بعض الشيء، قوية، طبعاً وإلا كيف استطاعت مقاومة عوامل الزمن المرير الذي عاشته، أرملة بطفلة بغربة، بوظيفة مضنية.

شعر للحظات بأنها ستشبه عائشة، عائشة تلك الملاك الميت، الذي لم يعرف قيمتها يوماً، ولم يلحظ أهميتها إلا وهي على سرير الموت، حين نظمت تفاصيل حياته وحياة سهى بأدق تفاصيلها قبل أن تغمض عينيها وبكل صرامة ومحبة وكأنها في رحلة، مهما طالت فهي تراهما وتراقب وعن كثب تحركات حيدر ونمو سهى، الحبيبة سهى التي ساهمت إلى حد كبير بإبقائه حياً بعد أن شعر بالموت رغبة باللحاق بعائشة الغالية، أم سهى.

لسهى ملامح عائشة، ترى هل لنداء ملامح رائدة؟ ولكن نداء نحيلة وقصيرة القامة، تشبه عارضات الأزياء بأناقتها المبالغ فيها نوعاً ما، ربما من وجهة نظره، فهو وعلى كثرة ما أحب من نساء بات يفضل البساطة، والطبيعية. من يعلم ربما أيضاً هو فقد بعض مهاراته بمرور الزمن، فهو مذ ماتت عائشة آل على نفسه ألا يقرب النساء وأل يجوب البلاد بحثاً عن أي منهن، مهما بلغ به الحب، فذكرى عائشة ووجود سهى والأخوات "مربع الشر" كما يسميهن دلعاً وامتناناً، ملأن عليه حياته. فلننتظر ونرى، سوف تصل رائدة يوم الأحد، قادمة من الخليج محملة بأطايبه، كما أفادت نداء وستجتمع بالنسوة وحيدر وسهى ونداء ليتشاورون بشأن الجنسية، وستكون منى قد عادت من بوسطن محملة برائحة زينب وابنتها التي تشعر حيدر بأنه جد صالح، رغم أنه لا قرابة تربطه بحسن والد زينب ولا بمنى والدتها، مع أنه

يكن لحسن بعض الشفقة والتعاطف لما آلت إليه
صحته بالآونة الأخيرة، فهو ورغم ماله الكثير إلا
أنه بدا مشوش الفكر مضطرباً حين التقى به صدفة
في شارع الحمرا الشهر الفائت، والحجة أم محمد
الطيبة المسلمة بأمرها لله من حسن ومنى وتلك
الإثم المغفور له الدكتورة زينب ومتتبعاتها، هي
زوجة الأب العاقلة.

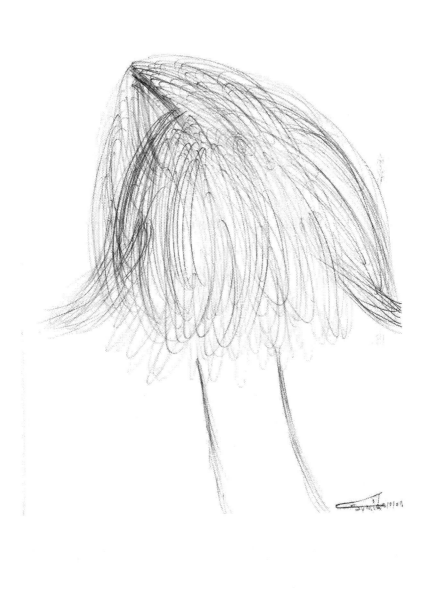

الجزء العاشر: " أبناء ماتيلدا "

الضابط مارون ابن ماتيلدا، هو ابنها الثاني،
فالكبير روبير، حماه الله ورعاه، هي أم روبير،
التحق مارون بصف الضباط المدنيين، هو مهندس
تخرج من جامعة الحكمة ولكنه فضل الجيش على
مزاولة المهنة، هو ضابط مهندس، وهذا يضمن له
حياة رغيدة مادياً ومريحة خدمة، هذا ما ظنه، حين
التحق بالسلك، وبناء عليه بنى أحلاماً ببناء أسرة

جميلة وسعيدة، بعيداً عن ضغط الثكنات العسكرية وجو عساكرها. هو ضابط على الدوام، من الثامنة صباحاً حتى الثانية ظهراً، في قسم المنشآت العسكرية، حيث يهندس مواقع الجيش واستراتيجياته اللوجستية.

روبير صديق ورد، ورد ابن ماتيلدا الأصغر، ولقد أسمته ورد، على اسم أخته التي لم تولد قط، هي ماتيلدا التي أسمته، نذرت لمار شربل، لو جاءت بنت ستسميها ورد ولو جاء صبياً ستسميه ورد، وورد اسم عربي بعيد نسبياً عن الأسماء المارونية المتداولة في لبنان، أما عن ماتيلدا الأم فهي اعتادت تسمية الشباب الثلاث بـ " حروف النصب"، لما يقومون به من مقالب تجعل ماتيلدا تأتي على ملئ وجهها متيقنة أنها ستنقض على الملقب بأبي روبير زوجها المدعو "فيليب"

متلبساً بخادمتها الفلبيينية أم براقصة روسية وطأت قدمها أرض الزوق بحثاً عن لقمة العيش.

وحين تصل ماتيلدا تجد الأبناء الثلاث يقهقهون متغامزين على الوالدة الشكاكة والوالد المسكين الذي مازال نائماً هروباً من نهار طويل لا عمل فيه بهذا العمر، لقد أمضى حياته الليلية على تلك التاكسي التي سترت حاله وأعانته على إعالة عائلته، بجانب الوظيفة الحكومية، في محكمة الاستئناف الصباحية، كاتباً في سجلاتها التي لا تنتهي. غريب أن يحب النساء من يعمل في المحاكم، ولكن هذا هو الإنسان، مليء بالمتناقضات، علما بأن التناقضات نوعاً ما محصورة وليست شعناء في شخصية فيليب، ربما لأن نشأته كانت مستقرة، لا يذكر خلافات تذكر بين المرحومة والدته ووالده. هو لطالما كان مستقيماً وشريفاً لا يقبل رشوة، مهما كان الثمن،

إنما للكيف أوقات أخرى، لا يمكن تجاهلها دائماً، فقليل من الخمر يفرح قلب الإنسان، كما وأن بالقرآن ورد " لا تقربوا الصلاة وأنتم سكارى" فالله غفور رحيم، فيليب لا يثمل أبداً، هو فقط يشرب ليفرح قليلاً ليس إلا فهو ليس عربيداً، تعرف ماتيلدا ذلك، ويحبها!.

ورد مازال صغيراً، لقد انهى سنته الجامعية الأولى للتو، هو سيصبح غرافيك ديزاينر، لا يريد هو مسمى وظيفياً رناناً، كل ما يرغب به، تصميم الإعلانات. هو مبتكر بالأصل ومبدع فنان، يحب التصاميم ويعشق الإعلانات الجميلة، وكذلك يحب عارضات الأزياء، يحلم باليوم الذي يعمل فيه على دعايات تضم ممثلات وفنانات عالميات معروفات، أو أن يشارك بتصوير فيلم سينمائي عالمي، مثلاً. ماتيلدا لها رأي آخر، ورد ما زال صغيراً لم يتخرج بعد، ولكن وبعد تخرجه هي ستطلب من

سراب مساعدته والأخذ بيده، هي مثله غرافيك ديزاينر، وعليها مساعدته، وإلا لم هما صديقتان؟.

أما روبير فهو كوالده، هذا ما تقوله ماتيلدا، طبعاً فهو البكر، من شابه أباه فما ظلم، يحب الروتين، يحب الالتزام بالنظام، وهو أيضاً ملتزم جداً، نزيه يكره الغش ويقاوم الرشوة، يعمل بالجمارك، موظف جمارك ولكنه غير مرتشي، كم هذا غريب!. والده استعان بالتاكسي لتساعده على معيشته ولكن هو كيف سيعيش، من راتبه فقط؟. وسيم جداً روبير، الفتيات يعجبن به من أول نظرة، ومتحدث لبق، يعرف أن ينتقي المفردات، وكيف يتناول أطراف الحديث.

وسامة أبناء ماتيلدا " ثلاثي الشر- مثلث برمودا" كما تناديهن ممازحة، بدت واضحة أثناء الغداء العائلي في بيت حيدر داعياً فيليب، حين

اجتمعت الأمهات الثلاث لسهى وأخوتها الثلاث،
ونداء الأخت الأولى لسهى كما نادتها والأخت
الثانية للشباب كما نادوها بدورهم، مما أثلج قلب
ماتيلدا، فهي وعلى الرغم من حبها الكبير لسهى ما
زال في قلبها بعض الطائفية، لكزة صغيرة جهة
الشمال تلكزها خوفاً من الرب عقاباً فيما لو وافقت
على الزواج المدني، هي تتفهمه، ولكن مع أبنائها
الوضع مختلف قليلاً، كثيراً، لا تدري بالضبط إنما
تفضل الموارنة، كنائن لها.

الجزء الحادي عشر " ثنائي المرح "

لم يكن هناك ما يقلق فالبنتين لم يسرحا
بالخيال بعيداً، كل همهما طيب الطعام وإنهاء
الفروض المتوجبة عليهما. السنة الأولى طب
مزعجة، فيها من البيولوجية ما يجعل الفتاتين
مشغولتين باستمرار، مادة كلها حفظ. للحظات
تتساءل البنتان ما سبب موافقتهما الحقيقية على
دراسة الطب النسائي " حمل وولادة؟" وكيف تخلتا

عن حلميهما ببساطة شديدة، يا لتلك الموجهة الطلابية من مقنعة!، هما سعيدتان الآن ويحبان مساعدة النساء على الولادة ومتابعة صحتهن أثناء الحمل، شعور إنساني بالإضافة إلى التخصص، فمساعدة الأم على الحصول على طفل سليم، هو بحد ذاته هدف نبيل ويستحق التضحية.

بين سهى ونداء شعور كبير، أو بالأحرى بدأ ينشأ شعور غريب، هو أكثر من صداقة، هو حب، ولكنه ما زال في طور البراءة، لم يصبح خطيراً بعد، هما معجبتان جداً بمجدي ووجدي، البطلان التلفزيونيان اللذان يمثلان شباباً بات يفكر بالمثلية ويتقبلها على النحو التي هي عليه، وفي مرة طرحت نداء فكرة جعلت سهى في حال حيرة وقلق، حتى أنها فكرت باستشارة كلوديا، أمها الوحيدة التي يمكن أن تسمع شكواها بأذن واعية، دون أن تشعر بالخجل أو الإحراج منها، فماما

ماتيلدا متدينة وماما سراب أيضاً وماما منى لم تأت بعد، هي ماما كلوديا، ولكن سهى مازالت في حال الصدمة، أيعقل أن تكون نداء سحاقية، تحب النساء؟ وماذا سيكون موقفها منها، ماذا لو أحبتها نداء حب زوجة لزوجة، حبيبة لحبيبة، فهي قالت بأن للبنات في البلد الذي كانت تقيم فيه عادات سرية غريبة، وجماعية هي لم تسمع عنها من قبل، هل يعقل، أن تكون سهى نفسها قد وقعت بحب نداء؟ فعلاً؟ حب حقيقي، أم أنها تأثرت بها لمجرد أن الأخرى هي من تحمل تلك الجينات؟.

هي أجلت موضوع الجماع مع نداء، ولكن إلى متى ستنتظر نداء، وهل ستقبل نداء بصداقة سهى وحبها دون الانجراف نحو الشهوة؟. هل ستكون سهى زوجة لنداء مخالفة بذلك كل الأعراف والتقاليد؟. هي تحب نداء فعلاً تشعر بحب لنداء لكنها لم تستطع تحديد ماهية ذاك

الشعور، أو ربما هي لم تجرؤ على التفكير به على
ذاك النحو، نداء أجرأ، نداء هي من فاتحت سهى
بالموضوع، رغم قصر الفترة التي جمعتهما،
شهرين فقط، معقول؟ حب من أول نظرة؟ ولكن
سهى ستموت لو فقدت نداء، ولن تتخلى عنها مهما
كان السبب.

تقرر سهى الكتمان، الإبقاء على الموضوع
سراً حتى عن ماما كلوديا، هي ست مسنة كيف
ستتفهمها، لا تريد أذيتها بذلك القرار المستهجن،
لن تقول لها شيئاً فهي ربما تخبر بابا حيدر كذلك.
لا لن تغامر ستكتفي بقبول عرض نداء دونما
مجازفة بخسارتها، على أن تشترط عليها الإبقاء
على الأمر سراً، نعم سيكون صعباً، شبه المستحيل
الإبقاء على السر، إنما ستبقيانه سراً، سوف تتزوج

بنداء، كيف؟ ستأخذها إلى أميركا، إلى زينب،
أميركا بلد الحرية، وستسمح لهما بالزواج.

تصل منى وتصل رائدة، وتنعقد الدعوة
مجدداً على الغداء بوجود الجميع، أسرة كبيرة
واحدة، موحدة حد التفريق، فكل في قلبه هم، وفي
ضميره سر يخفيه عن الجميع بقصد حسن، المحافظة
على حسن العلاقة والوعد بالصداقة والألفة التي
تجمعهم. رائدة لم تعد غريبة، هي أصبحت واحدة
من أفراد الأسرة، وسوف تحاول الأمهات الأخوات
لحيدر تقريب وجهات النظر، سوف يحاولن تزويج
رائدة لحيدر، فسهى سوف تتزوج يوماً ما، وكذلك
نداء ويبدو الانسجام واضحاً بينهما منذ اللحظة
الأولى، رغم التحفظ الشديد الذي أبداه حيدر
احتراماً لروح المرحومة عائشة وخجلاً من الحبيبة
سهى. أميرته التي

سيتوجها ملكة بتخرجها بمرتبة الشرف بإذن الله تعالى. وقوة شخصية رائدة وصلابتها الواضحة تجاه ما قد يعكر صفو مسيرتها المستقرة، المتجهة دوماً نحو غد مشرق لنداء الشرق الأوسط بأسره، تراها هي كذلك، ملكة!

الجزء الثاني عشر " عصفورين بحجر "

لن تطيل إقامتها رائدة في بيروت، فهي لا
تستطيع ترك البنات بالصالون على حل شعرهن،
سيقومون بسرقة زبوناتها، عليها ألا تتأخر عن
أسبوع، هي تحدثت لكلوديا التي أوصلتها بمن لهن
القول والفعل بجمعية المطالبة بحق منح الجنسية
لأبناء السيدات اللبنانيات المتزوجات من أجانب
(بما فيهم من عرب)، ووعدنها بأن المباحثات

جارية وبأن بعض المسؤولين وعدوهم بتطويرات بالقوانين المتعلقة، وبأن خيراً قريباً سوف يعلن عنه بإذن الله.

فيما يخص حيدر فهو سيستمر بمراسلتها عبر الانترنت، سيتعرف عليها أكثر، إن حدث واتفقا، سيعلمان البنتان بذلك، ولا شك بأن ذلك سيفرحهما، هذا ما أكده رباعي الخطر" أخواته الأمهات الأربع" في جلسة سرية لم يحضرها سواهن.

رائدة منفتحة، تتقبل الصداقة بين الرجل والمرأة، لا تتسرع فهي تسرعت بداية حين أحبت سالم وأنجبت منه الغالية نداء، لقد عانت الأمرين رائدة للاحتفاظ بحق حضانة نداء، فأهل سالم ليسوا من السهولة ليرموا لها ابنتهم، ابنة المرحوم الشهيد سالم، ربما هي تتمنى ذلك، فهل هناك أجمل من

كلمة "ابنة الشهيد"، لتشربها لنداء بالملعقة منذ نعومة أظافرها؟.

لكن رائدة إنسانة مفكرة ولا تعنيها المظاهر، هي لم تقم يوماً بنفخ ابنتها بمعلومات كاذبة لن تفيد بفائدة، هي علمت ابنتها بأن سالم والدها، أحبها دون أن يراها، تمنى لها حياة سعيدة، ورحل عنها مجبراً بداعي السرطان، وهذا كاف، لا داعي للتهويل، لكي لا تصدم نداء لاحقاً. رائدة عاشرت الناس والصالون كان مدرسة لها، تفوق الجامعات، من تعامل مع النساء مات حكيماً منتحراً، هذه فلسفتها.

بعد مراسلات كثيرة وماسجات ومحادثات أكثر عبر سكايب، تانغو وفايبر، وأحيانا عبر الهاتف الثابت والنقال حين يتعذر الاتصال عبر الانترنت لعطل أو لآخر، يشعر حيدر بأن حاجزاً

خفياً يمنعه من الاقتراب من رائدة، هي لم تعترف له رسمياً بعلاقتها بآخر، كما أنها لم تنفها، هي لم تتطرق للموضوع، هذا فقط ما فعلته، كانت تتحدث إليه بحيادية تستفزه أحياناً وتدهشه أحيانا أخرى، تسأل عن حاله وأخواته وحال البنتين وأولاد ماتيلدا، لكنه لم يأخذ منها جواباً شافياً، هل تقبل به زوجاً؟.

رغم انه لم يحدثها مباشرة بالأمر، حرصاً على شعورها وعلى عدم المساس بالعلاقة الجميلة التي تربطهما في إطار الصداقة المستحدثة على برنامجه الرجعي قليلاً ، كما ولأنه هو نفسه وهذا هو الأهم، ليس متأكداً من شعوره، هلى أحبها فعلاً؟ هل حقاً يرغب بها زوجة؟، هل حقاً ما يمنعه من طلب يدها للزواج هو شعوره بالخجل من عائشة التي يراها في عيني سهى وفي حركاتها

اللاشعورية، التي تسحب روحه من جسده كلما شاهدها؟.

قد تكون رائدة لاحظت تردده، فهي ذكية جداً وتستطيع تحليل الأشخاص ببراعة لا متناهية، هل يمكن لها أن توافق عليه إن أحست باندفاعه نحوها؟ هي المكسورة من قبل؟. أسئلة حيرت حيدر وبقيت دون إجابة لأن رائدة حافظت على نفس مستوى العلاقة بينهما، علاقة ملؤها المحبة والتعاطف والود، وكل حدود الاحترام، والخصوصية، صداقة، بين رجل وامرأة، لم لا؟.

حيدر سافر كثيراً سابقاً، أيام عائشة المرحومة، كان يزور الصين باستمرار وتاجر بالمفرق وبالجملة، كان لديه الكثير من المعارف التجار والبائعين، واكتسب خبرة واسعة بالتجارة وبإقناع الناس ببضاعته، وتعلم درساً يعتبره كنزاً

لا يفنى " لا تنادي على بضاعتك تكسد"، المشتري بائن والبائع بائن، فلا ترمِ بغرضك بالرخص. لقد طبق المثل على علاقته برائدة، احتفظ بها صديقة واكتفى، ولو رغبت به يوماً سوف يفتح لها قلبه محاولاً أن يحبها وأن يفتح صفحة جديدة معها بعد عائشة. وإن لم يحصل، فهو بخير، يعتاش من إيجار شقتين امتلكهما من مال الصين، وخادمته تهتم بشؤون المنزل، وهو يعود لقرآنه ساعات الضيق مناشداً الله سبحانه وتعالى إعانته على ما ابتلي به، من حب وفقدان. وهو لا ينكر بعض المتعة بأسلوب حياته تلك، فبالعذاب سعادة أيضاً، لأولي الألباب الذين يحاولون إيجاد تفسير للوجود، حتى دون أن يلقوا جواباً شافياً، فعائشة أيضاً كان لها نفس الفلسفة، وطبقتها أثناء مرضها ورحيلها الشجاع.

النهاية : "هدوء مشوب بالحذر"

تعود البلاد لتدخل في حال حرب، حرب طائفية ، اختلفت الطوائف إنما هي الحرب، فيما مضى كانت مسيحي- مسلم، الآن بين المسلمين سني - شيعي، حرب ملل إن صح التعبير، ضمن الطائفة الواحدة، وبجانب ذلك هناك ضحايا مسيحيين بداعي الجيش. مارون ابن ماتيلدا بطل، أي نعم هو شهيد الآن، لكنه حي في قلوب محبيه لا

يموت، ولكن ما تيلدا لا تصدق أنه القضاء والقدر. إنها المحسوبيات والواسطة. ما لها ولابنها في نهر البارد حين سحبوه حينها ونجا بأعجوبة، للقضاء على فتح الإسلام المتطرفين السنة؟ وما له وما لأحداث عرزال لكي يموت بكامين نصبوه للجيش! هو مهندس منشآت، ولو كان عنده واسطة ما أرسلوه مهمات خارج منشآته.

ماتيلدا لا تخطئ مرتين بوجهها إلى السفارة الكندية، دون حتى استشارة محامي، قدمت أوراق الهجرة لها ولابنيها المتبقين الأول والأخير وزوجها فيليب. إلى مونريال- تتكلم هي اللغة الفرنسية ويحبون هم المسيحيين. سوف تبيع الساندوتشات، أكلها طيب ماتيلدا. وسيستقيل روبير حال قبول أوراق الهجرة. لا تريد كنائن لها موارنة، تريدهن كنديات كي لا يفكر أي من الولدين بالعودة، هذه البلاد لم تعد لنا، يكفينا مسيح واحد، راح مارون !..

حيدر له ابن عم أيضاً له شاب كالبدر استشهد بالقصير السورية دفاعاً عن إخوته اللبنانيين الشيعة، فبعضهم يقطن تلك المنطقة ويتعرض لغزوات جند الشام وجبهة النصرة السلفية وكان عليه درؤهم بقلبه الذي قاموا بسحبه وأكله، نحن في زمن أكل لحوم البشر، ذيعانو علي، كان سيكون زوجاً مثالياً لسهى ذات الأم السنية، المرحومة عائشة. نداء حبيبة سلوى سنية وقادمة من دول الخليج فهي ذات ميول نحو الجيش الحر، والدها فلسطيني شهيد من أجل القضية، إنما لا تخفي بعض تأثر بحزب الله وتحريره للجنوب بال ٢٠٠٦، وكذلك لا تخفي بعض الغبن تجاه الخليج إبان طرد الفلسطينيين المتآمرين مع صدام إبان تحرير الكويت بالعام 91.

رائدة والدتها ما تفتأ تخبرها عن تلك الفترة التي تعرفت فيها على سالم والدها وبظروف

غامضة وقهرية. مراسلات الكترونية حينها لنقل أثاث صديقة لها فلسطينية كانت تقيم بالكويت وانتقلت الى الأردن، تلك الصديقة التي كانت دون أن تدري رائدة أختاً لسالم.

محظوظة سهى، لقد غيب الموت عريس الغفلة، ومسكين حيدر لم يعلم بعد أن سهى سحاقية، تحب نداء وستتزوج بها، رضي هو حيدر نفسه أم لم يرضَ. لماما كلوديا أو بمعنى أدق لكلوديا الكاتبة هموم بيئية ، فهي منهمكة بإعداد مقالة حول أسباب السرطان المتفشي ولم سمي بمرض العصر، وبجانب ذبذبات الهاتف النقال، التلوث وكثرة استخدام الكيماويات بالأسمدة ورش المزروعات وكم الضغط النفسي الهائل الذي نعيشه بسبب المتطلبات الشرائية الكثيرة وكثرة الحروب وتقلص نسبة الإيمان. تكتشف كلوديا اكتشافاً موازياً يعود تقريباً لنفس الأسباب ولا يقل أهمية وتعتزم إعداد ورشة عمل بشأنه تدعو فيه المهتمين

ومراسلــة الأستاذة/ بسمى التي اقترحتها الصحفية الأستاذة / رنيم لصديقتها زميلة المهنة كلوديا لتقوم بإلقاء محاضرة بعنوان " أنت مثلي- أنت سحاقية"، حول أسباب تفشي نسبة المثليين الرجال في مجتمع متنوع كلبنان والسحاقيات الذين يكثرن في دول الخليج وبعض الدول العربية وطرح أوجه التقارب والاختلاف بين أسباب كل من تلك الظاهرتين .

... تكمل كلوديا للموجودين   قراءة مقالتها الأسبوعية، " قراءة في كتاب لإبداء الرأي ":

صدر حديثاً، عن الدار العربية للعلوم، بيروت 2013، رواية " في حضرة العنقاء والخل الوفي" للروائي إسماعيل فهد إسماعيل، تمحورت حول معاناة الإنسان العادي البسيط، حين يضطر للعيش بظروف مبهمة مواطنياً. بجانب أهمية الموضوع المطروح من الناحية الإنسانية، إلا أن موضوع الصدق ومتتبعاته تعتبر الفكرة الرئيسية التي دارت

حولها الأحداث. المنسي ابن أبيه شخص مثالي، فنان، مرهف الإحساس والروح، ولسوء طالعه أم لحسنه وضع في ظروف كان يمكن تجنبها كلها أو بعضها على الأقل لو كان أكثر أنانية وحنكة.

ما يلفت انتباه القارئ " في حضرة العنقاء والخل الوفي"، بالإضافة إلى الأسلوب الكتابي المبتكر الذي خلا من الأجزاء والعناوين مع طول الرواية (386 صفحة) خط صغير، ورق قطع A5 تقريباً، ابتكار مفردات بذاتها " تسلكت، بمعنى اتبعت سلوكاً ". لقد خلا النص من حروف الجر والنصب غير الضرورية كأن يقول " هي الآن دمشق" بدلاً من قوله " هي الآن موجودة في دمشق"، " فريد نوعه " بدلاً من قوله " فريد من نوعه ". وذلك ليؤكد عدم حاجته لكل ما هو غير ضروري والتزامه بكل ما يخدم الهدف، وهو شرح ما حدث لابنته وتبليغها بالأحداث على طريقته،

ومن قبله هو الأب المغيب قسراً . لقد تخفف الأديب
قدر استطاعته من كل ما هو هامشي والتزم
بتوصيل الفكرة، هدفه من الرواية، هدفه من الحياة،
فهو يكتب بلغة الخبير الزاهد للدنيا وما عليها،
محاولاً ترك خبرته لمن سيجيئون بعده، علهم
يتفادون بعض عذاباته.

في روايته، الروائي إسماعيل فهد إسماعيل
استخدام أسلوب اللامبالاة، وجاء النص دون
إشارات تعجب ولا حتى سؤال. هي نقاط وفواصل
ليس إلا، وسرد لأدق التفاصيل دون أدنى انصهار
انفعالي من الراوي مع أنه أبدع بالوصف والتحليل.
تقوم فلسفة الأديب الحياتية على محاذاة الحياة
نفسها، فهو شبه المتفرج، مسلوب الإرادة تماماً
لحياته هو نفسه. ولقد اعتمد أسلوب تحليل النفس
السلوكي لأبطال روايته " علم النفس التصالحي......
وعلم النفس السلوكي". بالإضافة إلى تحليله لمسألة

الوقت، مآثر مرور الزمن على تحمل حياة مفروضة علينا بأعبائها التي لم نرغب بها يوماً حيث أننا لم نخترها بالأصل، لقد كرس الكاتب ولاءه التام للأم، بكل حالاتها وأكد على أنها الأساس والمرجع. " سجادة أمي" هي منسكه وغرفة معيشته ومسرح حياته الداخلية الذاتية، " ليس دهن عود إنما رائحة أمي".

وبعد مرور عشر سنوات على سفر سهى وزوجتها نداء إلى أميركا، في دارة حيدر التي تتحول إلى دار للمسنين بقرار جماعي باعتماد المربع الأمني" أمهات سهى" لما تحتويه من حديقة شاسعة وبراح في باحة الدار التي تجعله يبدو كنزل من طابق واحد سلس ومريح لكبار السن والكراسي المتحركة. تجتمع منى، كلوديا، سراب، الحج حسن والحجة أم محمد الذين يزورانهما كلما استطاعا لذلك سبيلاً حول مائدة الطعام المستديرة يتناولون

أطراف الحديث ويبحثن أمور الساعة، مستعيدين الزمن الجميل الذي كانت فيه العراق دولة متقدمة، وسوريا موحدة ومصر أم الدنيا والخليج مصدر النفط الأول بالعالم. ليزف حيدر نبأ تبني ابنته سهى وزوجتها نداء لطفل من أصل إفريقي، بعد أن تعذر عليهما تبني طفل من مخيم المية ومية لعدم توفية الشروط العائلية بعرف الشرق. لينتبه حيدر وبمحض الصدفة أن لسراب عينان خضراوان بمنتهى الروعة، ويتساءل لم لم يفكر بها مسبقاً زوجة له؟!.

قناعات:

- الفجر كان باهتا، حين مرت به ويلات النزوح.

- عقدت الحاجبين كأغنية، ففكت عقدة لساني إنما كتابة، ربما هي صفة الجبناء، فكل من مسك قلما تعذر عليه رفع الصوت.

- جمعت كلمة هزيمة، فأصبحت هزائم، كما وجمعت كلمة هزائم فأصبحت نصراً، هذا ما استنتجته، قد أكون مخطئة، أم مفرطة التفاؤل.

- في هذا الطقس العاصف يوجد ثلج أبيض، في هذا الظرف العاصف يوجد مخيمات مأهولة موحلة وغارقة بالسيول.
- بين الوحدة والغربة صداقة مبطنة، فكلتاهما تشرحان حالة شخص تائه في دنيا مليئة بأمثاله من المشردين بحثاً عن ملجئ روحي مريح.
- نحن شعب يقدس الموتى، إن لم يؤلههم ، لأن قلوبنا لا تتسع للأحياء منا، ربما!.
- الحياة بالأصل فطرية، لذا تجد التحليل الفكري عنصراً دخيلاً.
- المؤبد يعني السجن حتى ولو كان ذهبياً، الأمثل أن يكون العقد لأجل، ويجدد باستمرار برغبة الطرفين، على مدى الحياة السعيدة.
- رد الأذية بالأذية لا يؤدي إلا للأذى الأكبر، التسامح ينقذ المظلوم ويغرق الظالم في ظلمه.

- الشجر الأخضر الكثير الكثيف في وطني مستفز، فهو يذكرني بكل حبة رمل اخترقت قفصي الصدري لتصيبه بهضاب من التصحر.

- الكيل بمكيالين، عادة ما يكون من الشر والظلم، إنما لو كلنا بمكيالين، مكيال التسامح ومكيال الحب، هل سيبقى للكلمة من معنى؟.

- لأنني كنت على عمل، لم أعرف يومها طعم النوم، أما اليوم فأنا على عبث، مع أنني على عمل، أظن السبب في ذلك تكرار الخيبة، أم ربما كان السبب فقط ما يسمونه الخبرة.

- أنا حاقد على الدنيا بأسرها، أجابها حين سألته بسذاجة طفلة، هل أنت سعيد؟.

- لطالما سئلت سؤالاً لذيذاً، ما سر الزواج المبكر؟ ولطالما أجبت جواباً محبباً، أنك لن تكبر أبداً!.

- لمحها تفر بوجهها البدر والعساكر تطاردها ذئاباً خائرة،،،، في ليلة القدر.

- بين ضلوعي خبأت حلما بلقاء، اندحر على أول مفترق حقيقة شابها كل الحيطة والحذر.

- مهنتي، أن أحفر بالقهر، لأجمع منه ورودي باقة من أقحوان.

- يطل برأسه من برج المراقبة، ما همني فالقلب مغلق، حتى إشعار آخر.

- حيث الأمان المطلق هناك العدم، لا تستعجل قتلي لطالما فضلت الضوء.

- أجوب البلاد بحثاً عن طيف، وأعود بخيبة من ذاب بحثاً.

- لا تؤنبني ضمير الغائب، وابن على أطلاله نقاء القلب.

- قولي وداعاً لما لا يروقك، ولا تقولي وداعاً لأحلامك، كوني قوية.

- أخبئ قلقي وتخفي عدم الرضا، لكنك تراه وأحسه، ترى من سيبادر إلى أجل لطالما تم تأجيله؟

- ...أما عن جماليات السفر فهي التعرف إلى كل ما هو جديد، قد يكون الجديد أسوأ ولكنه عنصر التعرف، الاكتشاف والمفاجأة.

- يا له من شعور، حين تسمع ما لا يمكن قوله!

- يقولون أن الناس أجناس، أظن الأصح أن الناس أصناف، كأطباق الطعام، أما الجنس فهو واحد، الجنس البشري، بغض النظر عن الأعراق.!

- مر بنا بائع النكبات منادياً على نكباته ، وحين أجبناه بما لدينا من فائض اعتذر عن سوء التقدير، ورحل متجهاً نحو الغرب عله.

- في الدموع قوة، تماماً كما هطول المطر.

- دعني أبتلع هزيمتي، بالطريقة التي أرتئي.

- أيعقل أن تموت من خاصرتك؟، ربما حين تشكو برود الذاكرة.

- لا يضيع حلم وراءه عنيد.

- طائرة من ورق هي التي تحمل حياة من وهم.

- مدى الأهمية مرتبط بمدى المنفعة، اللبس يكمن في معنى المنفعة، فالبعض يظنها المصلحة وهذا خطأ شائع، النفع إيجابي بينما المصالح سلبية، وذلك حين تقوم عليها الصداقات.

- يا لها من صدفة، حين تحكم التوقيت!

- في مقولة " كل شيء سيصبح على ما يرام "ما يدعو للتساؤل، فإذا كانت كافة النهايات على ما يرام وإلا لما كانت نهايات، فكيف نفسر إذا وقوع ضحايا؟!

- للحظات أشعر بأنني أشاهد فيلمًا من نسج الخيال، لدرجة أنني أهزأ من كاتب السيناريو لكثرة التهويل والمبالغة، والشعور المر حين أكتشف بأنها الحقيقة!.

- لا، لمجرد الرفض، ولم لا!.

- حزين همس الموت للروح، يذكر بتفاهة اللحظة.

- سن النضج الذي لا يقاس بالسنين هو المعيار المحير لتقييم أداء البشر.

- قلب منزوع السلاح هو أرض محروقة.

- تعب، هو ذاك الذي يحفر دون اكتشاف البئر!

- بين دهاليز الغوى وبيني شعرة معاوية

- قاب شبرين وباع تلك المسافة الوهم!

- تعلمت على يديه الوهم ونسيت مفرداتي!

- كلي نظر لم أسترق السمع؟

- طفا على سطح الحكاية نجم سهله صعب!

المراجع:

1ـ بدايات، الأديب أمين معلوف

2ـ من رواية امرأة تجهل أنها امرأة، الأديب حنا مينة

3ـ أشياء من ذكريات طفولتي، الأديب حنا مينة

4ـ قاموس العاشقين، الشاعر نزار قباني

5- إبحار في الذاكرة الفلسطينية، الكاتبة حنان بكير

6- في حضرة العنقاء والخل الوفي، الأديب إسماعيل فهد إسماعيل